씽크톡톡
Think TokTok

기초에서 활용까지 한 번에 배우는

윈도우 10 & 인터넷

씽크톡톡 윈도우 10 & 인터넷 활용

초판 1쇄 발행_2018년 10월 25일
지은이 웰북교재연구회 **발행인** 임종훈 **편집인** 강성재
표지·편집디자인 인투 **출력·인쇄** 동양인쇄주식회사
주소 서울특별시 서대문구 연희로2길 76 한빛빌딩 A동 4층
주문/문의전화 02-6378-0010 **팩스** 02-6378-0011
홈페이지 http://www.wellbook.net

발행처 도서출판 웰북
ⓒ 도서출판 웰북 2018
ISBN 979-11-86296-54-7 13000

이 책은 저작권법에 따라 보호받는 저작물이므로 무단전재와 무단 복제를 금지하며,
이 책 내용의 전부 또는 일부를 이용하려면 반드시 저작권자와 도서출판 웰북의 서면동의를 받아야 합니다.
※ 잘못된 책은 바꾸어 드립니다.

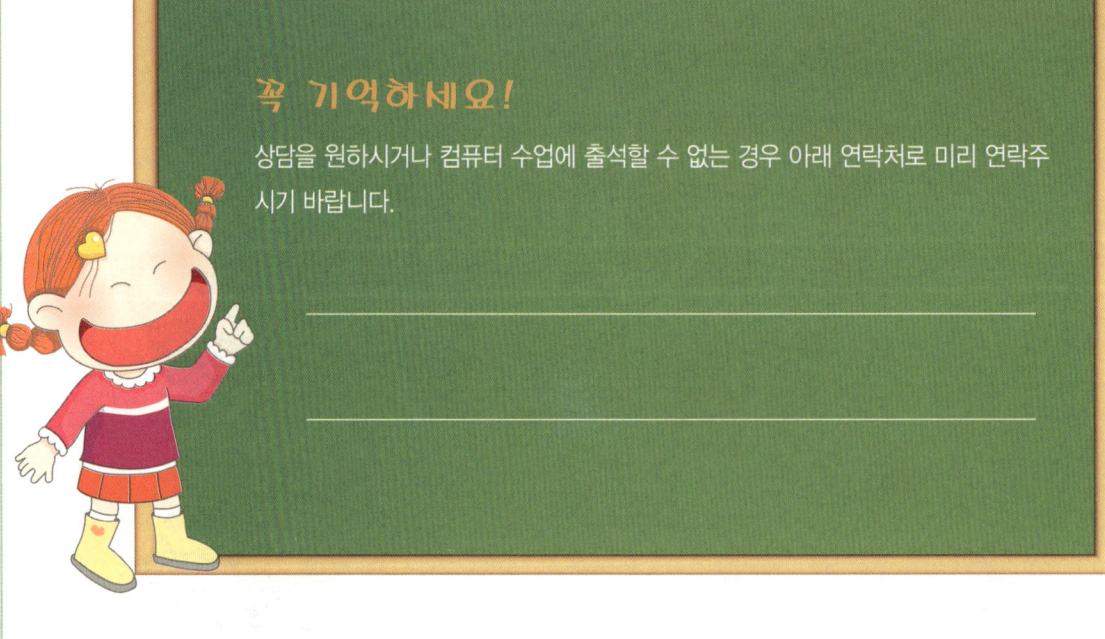

꼭 기억하세요!

상담을 원하시거나 컴퓨터 수업에 출석할 수 없는 경우 아래 연락처로 미리 연락주시기 바랍니다.

_____

_____

타수체크

초급단계

월 일	월 일	월 일	월 일	월 일	월 일
월 일	월 일	월 일	월 일	월 일	월 일
월 일	월 일	월 일	월 일	월 일	월 일
월 일	월 일	월 일	월 일	월 일	월 일
월 일	월 일	월 일	월 일	월 일	월 일

중급단계

월 일	월 일	월 일	월 일	월 일	월 일
월 일	월 일	월 일	월 일	월 일	월 일
월 일	월 일	월 일	월 일	월 일	월 일
월 일	월 일	월 일	월 일	월 일	월 일
월 일	월 일	월 일	월 일	월 일	월 일

고급단계

월 일	월 일	월 일	월 일	월 일	월 일
월 일	월 일	월 일	월 일	월 일	월 일
월 일	월 일	월 일	월 일	월 일	월 일
월 일	월 일	월 일	월 일	월 일	월 일
월 일	월 일	월 일	월 일	월 일	월 일

이 책의 목차

01강 파일과 폴더 관리하기
01 파일이란 무엇일까요? ··· 6
02 폴더란 무엇일까요? ··· 6
03 폴더와 파일 만들기 ·· 7
04 파일 이동하기 ··· 9
혼자서도 잘해요! ·· 10

02강 파일 탐색기 활용하기
01 파일 탐색기 살펴보기 ·· 11
02 레이아웃 설정하기 ·· 12
03 파일 정렬하기 ·· 14
혼자서도 잘해요! ·· 15

03강 휴지통 활용하기
01 휴지통에 파일 삭제하기 ··· 16
02 휴지통 비우기 ·· 19
혼자서도 잘해요! ·· 20

04강 새로운 앱 설치하기
01 새로운 앱 설치하기 ··· 21
02 설치된 앱 제거하기 ··· 24
혼자서도 잘해요! ·· 25

05강 일기 예보 알아보기
01 일기 예보 알아보기 ··· 26
02 즐겨찾기로 저장하기 ··· 29
혼자서도 잘해요! ·· 30

06강 일정 기록하기
01 일정 등록하기 ·· 31
02 일정 관리하기 ·· 34
혼자서도 잘해요! ·· 35

07강 그림판 3D로 만들기
01 3D 그림 만들기 ··· 36
혼자서도 잘해요! ·· 40

08강 혼합 현실 뷰어로 3D 맛보기
01 혼합 현실 체험하기 ··· 41
02 그림판 3D에서 편집하기 ·· 44
혼자서도 잘해요! ·· 45

09강 사진 편집과 보정하기
　01 사진 편집하기 ··· 46
　혼자서도 잘해요! ·· 50

10강 나만의 비디오 만들기 1
　01 사진 폴더 추가하기 ··· 51
　02 사진 배치하기 ··· 53
　03 테마와 음악 설정하기 ··· 54
　혼자서도 잘해요! ·· 55

11강 나만의 비디오 만들기 2
　01 비디오 효과 적용하기 ··· 56
　02 3D 효과 삽입하기 ··· 59
　혼자서도 잘해요! ·· 60

12강 워드패드로 문서 만들기
　01 워드패드로 문서 만들기 ··· 61
　02 문서에 그림 삽입하기 ··· 64
　혼자서도 잘해요! ·· 65

13강 인터넷에서 자료 가져오기
　01 인터넷에서 자료 가져오기 ··· 66
　02 워드패드에 인터넷 자료 삽입하기 ······························· 68
　혼자서도 잘해요! ·· 70

14강 웹페이지에 메모하기
　01 웹페이지에 선 그리기 ··· 71
　02 메모 삽입하기 ··· 73
　03 필요한 부분만 잘라내기 ··· 74
　혼자서도 잘해요! ·· 75

15강 엣지 브라우저 활용하기 1
　01 웹페이지 확대/축소하기 ··· 76
　02 웹페이지에서 단어 검색하기 ··· 78
　03 소리내어 읽기 ··· 79
　혼자서도 잘해요! ·· 80

16강 엣지 브라우저 활용하기 2
　01 읽기용 보기로 표시하기 ··· 81
　02 웹페이지 고정시키기 ··· 83
　혼자서도 잘해요! ·· 85

● 솜씨 뽐내기 ··· 86

01강 파일과 폴더 관리하기

이렇게 배워요!

- 파일과 폴더에 대해 알아보아요.
- 폴더를 만들고 파일을 정리하는 방법을 알아보아요.

 ## 파일이란 무엇일까요?

문서, 그림, 음악 등의 정보가 들어있는 모든 것을 파일이라고 해요. 컴퓨터에서 파일은 아이콘으로 표시되므로 아이콘의 모양을 보면 어떤 파일인지 쉽게 알 수 있어요.

　　　　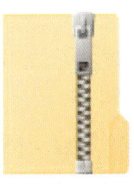　　

▲ 텍스트 파일　　▲ 인터넷 문서 파일　　▲ 압축 파일　　▲ 엑셀 워크시트 파일

 ## 폴더란 무엇일까요?

폴더는 가방이나 바구니 같이 파일을 담을 수 있는 공간이에요. 여러 종류의 파일들을 쓰임새나 종류에 따라 정리할 수 있어요. 또한 폴더 안에는 다른 폴더를 저장할 수도 있어요. 폴더 안의 폴더를 '하위 폴더'라고 불러요.

▲ 빈 폴더　　▲ 파일이 들어 있는 폴더

 폴더와 파일 만들기

컴퓨터 안의 파일이 많아지면 정리를 해야겠죠? 폴더를 만들어 파일을 정리하는 방법을 알아보아요.

❶ 바탕 화면에서 마우스 오른쪽 버튼을 눌러 표시되는 메뉴에서 [새로 만들기]-[폴더(📁)]를 클릭해요.

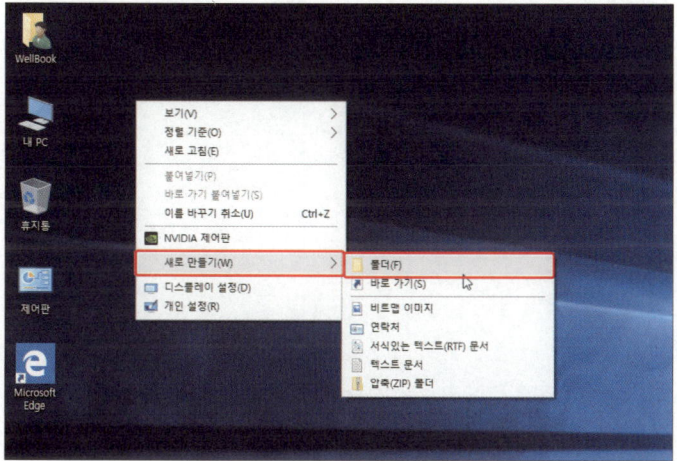

❷ 바탕 화면에 새로운 폴더가 만들어지면 '새 폴더'의 이름 부분에 '여행 가방'을 입력하고 Enter 를 눌러요.

❸ 폴더 이름을 다시 변경하려면 해당 폴더를 클릭하여 선택한 후 다시 한 번 이름 부분을 클릭해요.

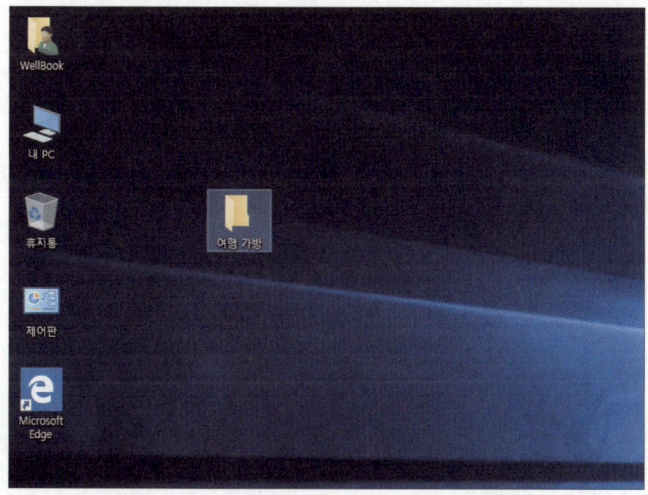

4 '여행 가방' 폴더를 더블 클릭하여 열어요. 마우스 오른쪽 버튼을 눌러 표시되는 메뉴에서 [새로 만들기]-[텍스트 문서( )]를 차례대로 클릭해요.

5 '새 텍스트 문서'가 만들어지면 이름에 '동화책'을 입력하고 Enter 를 눌러요.

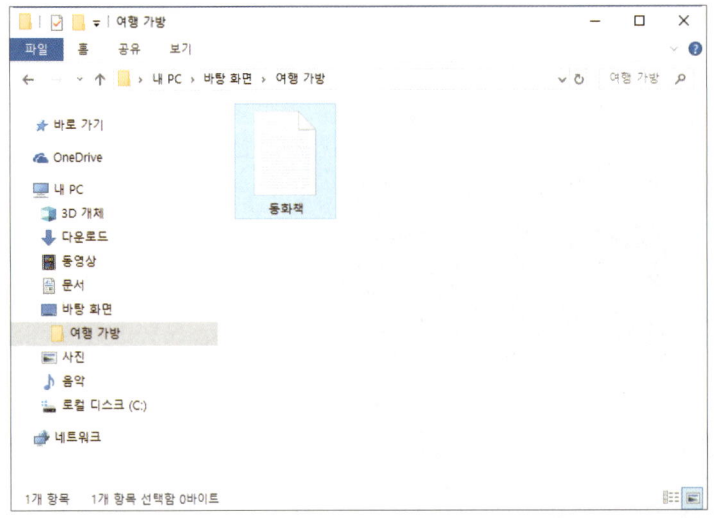

6 배운 방법을 이용하여 '여행 가방' 폴더 안에 '친구 선물', '여행용품'이라는 폴더를 만들어요.

7 '여행 가방' 폴더 안에 '카메라', '칫솔', '인형', '사탕', '우산', '잠옷'이라는 텍스트 파일을 만들어 보세요.

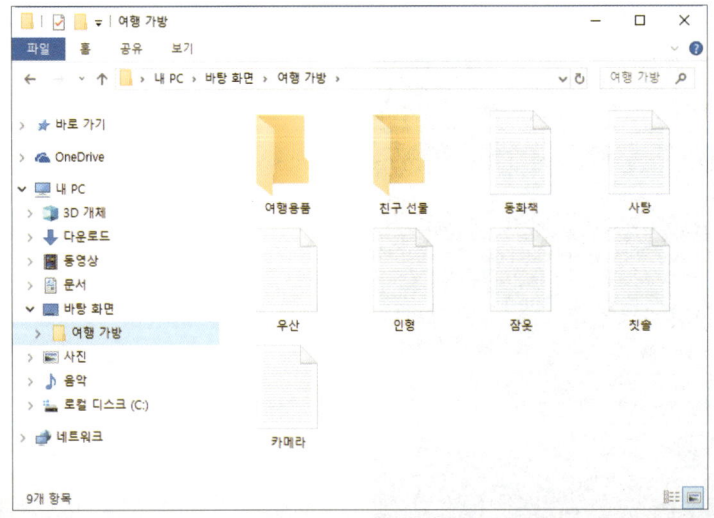

 **파일 이동하기**

파일을 다른 폴더로 이동하는 방법을 알아보아요.

❶ '여행 가방' 폴더 안에 있는 텍스트 파일 중에서 '인형', '사탕', '동화책' 파일을 '친구 선물' 폴더로 드래그해요.

❷ '친구 선물' 폴더를 열어보면 선택한 파일이 이동한 것을 확인할 수 있어요.

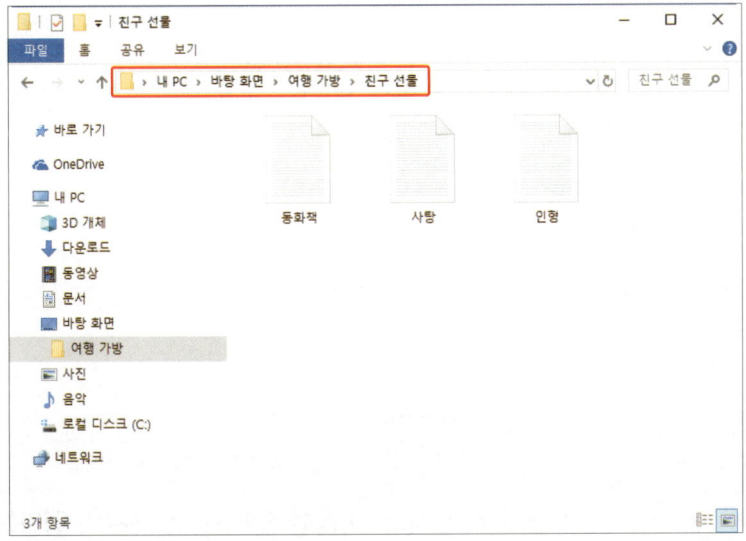

❸ '여행 가방' 폴더 안의 나머지 파일을 '여행용품' 폴더에 드래그하여 이동해 보세요.

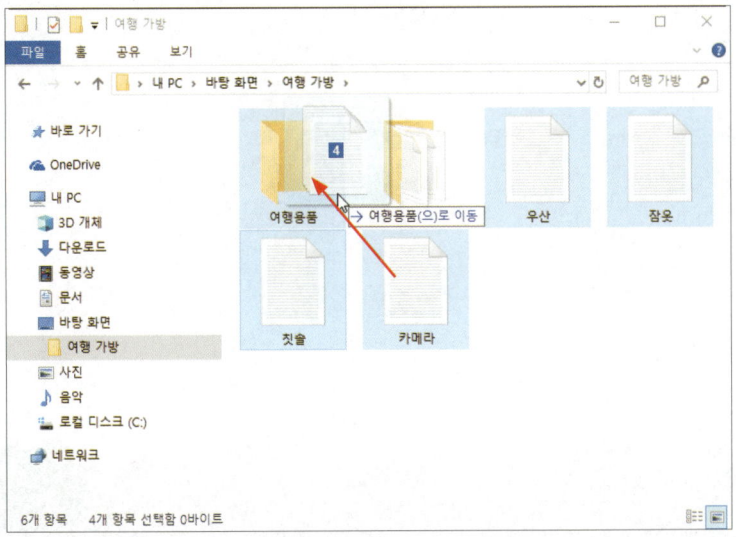

01 바탕 화면에 '동물원'이라는 폴더를 만들고 조건과 같이 하위 폴더와 문서 파일을 만들어 보세요.

- '땅에 사는 동물' 폴더 : 호랑이, 원숭이, 코끼리
- '바다에 사는 동물' 폴더 : 바다사자, 펭귄, 고래

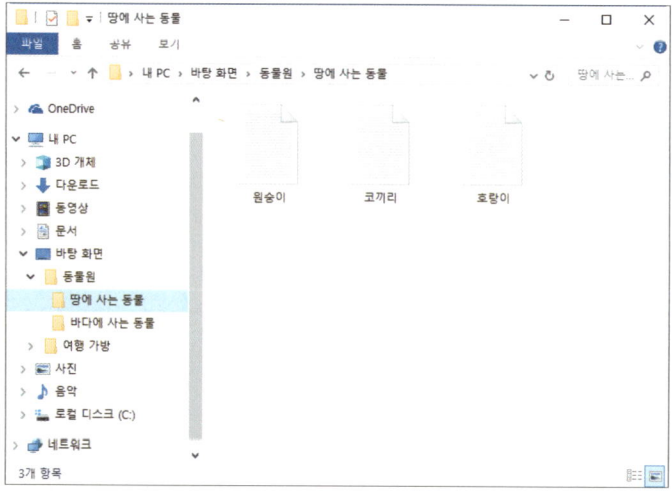

02 바탕 화면에 '우리 반'이라는 폴더를 만들고 각 모둠의 이름을 폴더로, 친구들의 이름을 문서 파일로 만들어 보세요.

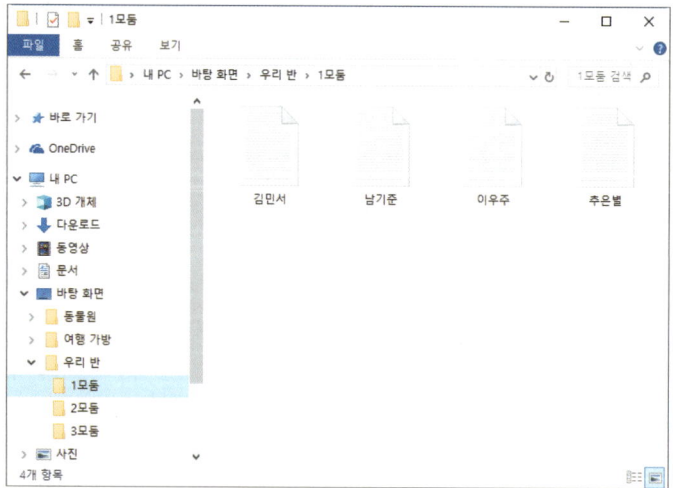

02강 파일 탐색기 활용하기

이렇게 배워요!

- 파일 탐색기의 창 구성 요소를 살펴보아요.
- 파일 탐색기의 도구에 대해 알아보아요.

 파일 탐색기 살펴보기

많은 폴더나 파일을 관리할 때 파일 탐색기를 이용하면 쉽고 편리하게 관리할 수 있어요.

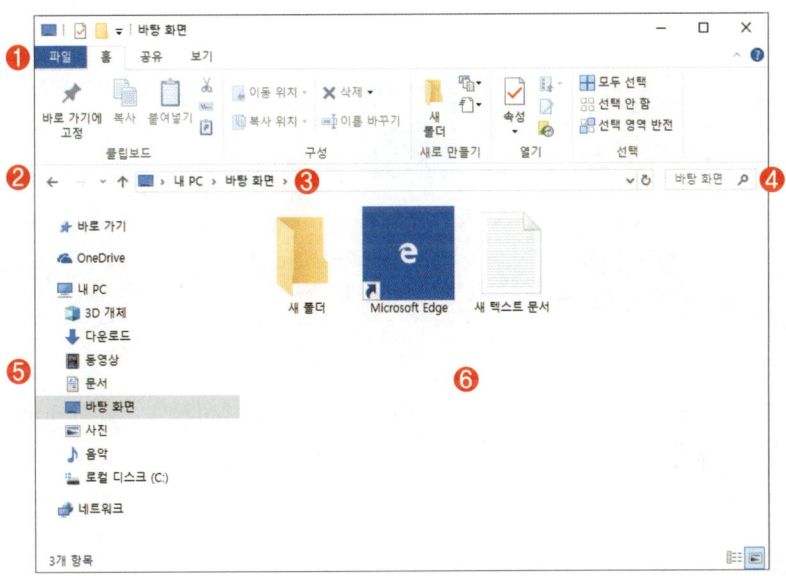

❶ **메뉴 탭** : 파일이나 폴더를 관리할 수 있는 메뉴예요. 클릭하면 도구들이 표시돼요.
❷ **뒤로/앞으로 단추** : 이미 열었던 다른 폴더로 이동할 수 있어요.
❸ **주소 표시줄** : 사용 중인 파일이나 폴더의 위치를 알려줘요.
❹ **검색 상자** : 폴더나 파일을 찾을 수 있어요.
❺ **탐색 창** : 폴더를 선택하여 이동할 수 있어요.
❻ **파일 창** : 선택한 폴더 속에 있는 파일이나 폴더를 표시해요.

레이아웃 설정하기

파일을 크거나 작은 아이콘으로 표시하고, 그림 파일을 미리 보게 하는 레이아웃에 대해 알아보아요.

① 파일 탐색기의 왼쪽 폴더 창을 이용하여 예제 파일이 들어있는 폴더를 찾아 선택해요.

② 폴더 안에 들어있는 파일 목록이 표시되면 [보기] 탭-[레이아웃] 그룹에서 [아주 큰 아이콘( )]을 선택해요. 그림과 같이 그림 파일을 크게 보여줘요.

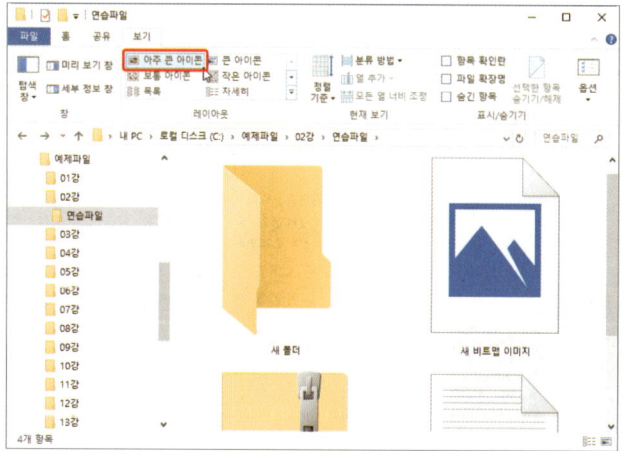

③ [레이아웃] 그룹에서 '큰 아이콘', '보통 아이콘', '작은 아이콘'을 선택해 어떻게 표시되는지 확인해 보세요.

❹ 파일의 자세한 정보를 보기 위해 [레이아웃] 그룹에서 [자세히( )]를 선택해요. 파일의 이름과 수정한 날짜, 유형, 크기 등의 정보들을 함께 보여줘요.

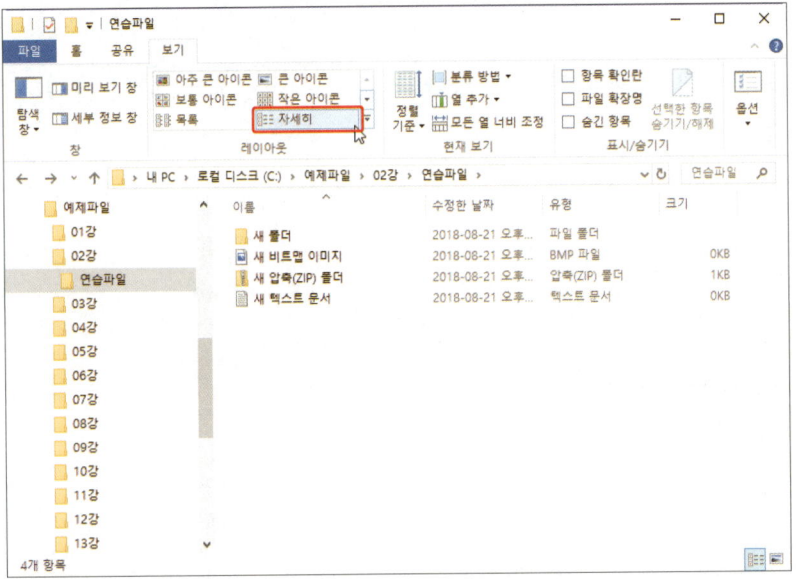

❺ [보기] 탭-[창] 그룹에서 [세부 정보 창( )]을 클릭해요. 파일 창 오른쪽에 세부 정보 창이 표시되고, 선택한 파일의 자세한 정보를 알려줘요.

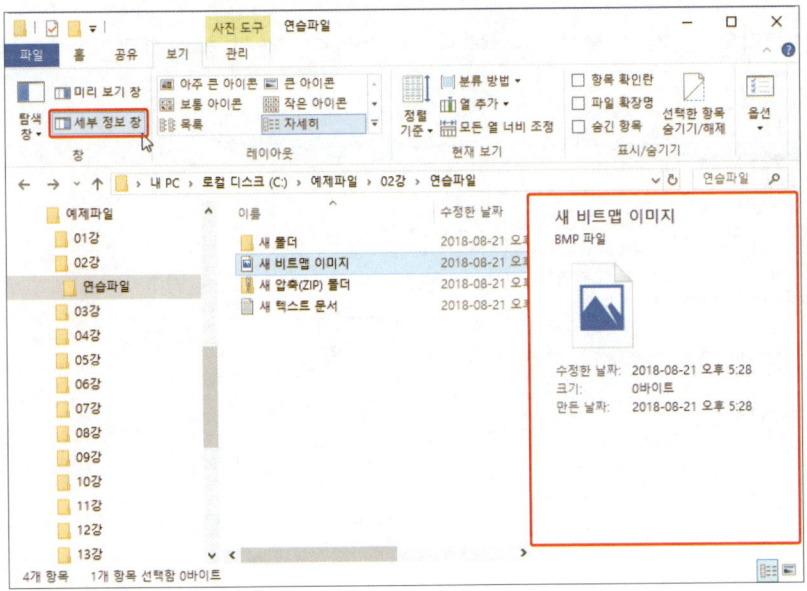

파일 정렬하기

많은 파일을 쉽게 관리하기 위해 정렬하는 방법을 알아보아요.

❶ 파일 창의 [이름]을 클릭하면 파일 이름을 '가나다' 순서로 정렬해요. 다시 클릭하면 반대 순서로 정렬해요.

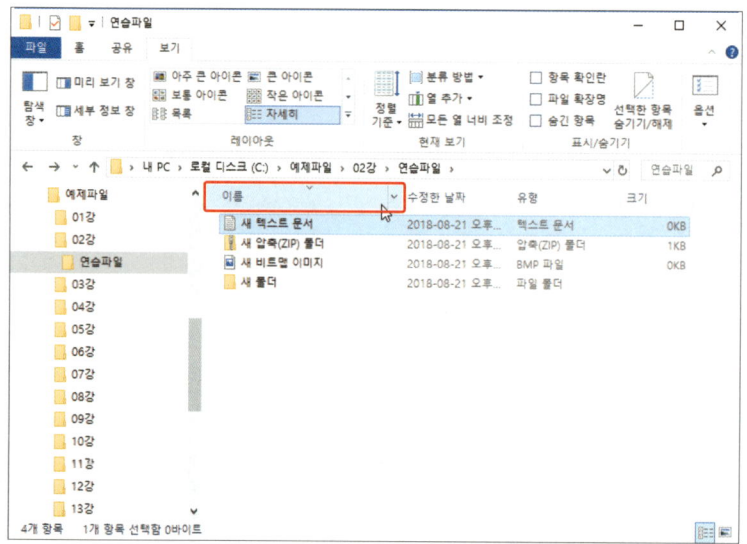

❷ [크기]를 클릭하면 파일 크기가 작은 순서에서 큰 순서로, 다시 클릭하면 큰 순서에서 작은 순서로 정렬해요.

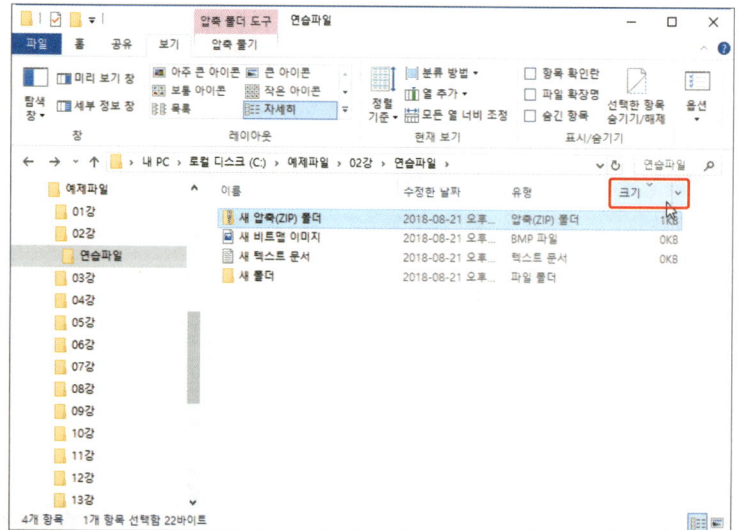

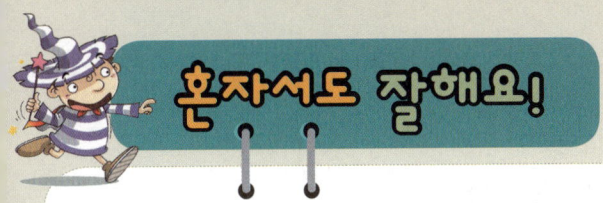

01 파일 탐색기에서 '내 PC'를 선택하고 그림과 같이 창의 모양을 바꾸어 보세요.

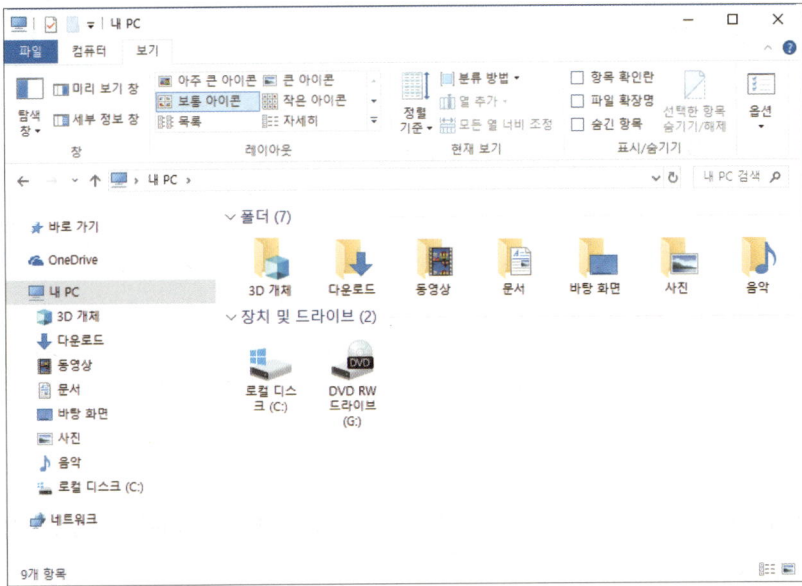

02 파일 창을 '자세히' 보기로 바꾸고 그림과 같이 보기 순서를 바꾸어 보세요.

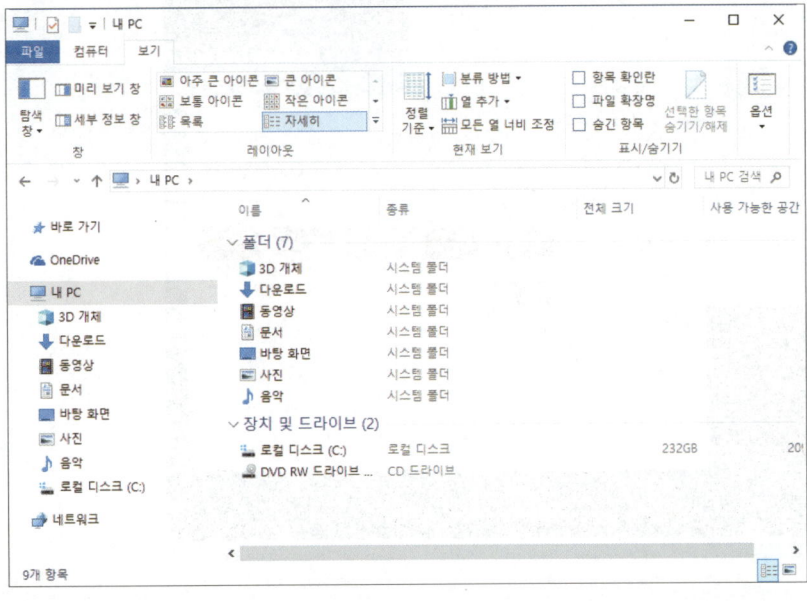

03강 휴지통 활용하기

이렇게 배워요!

● 파일을 삭제하고 복원하는 방법을 알아보아요.
● 휴지통의 속성을 변경하는 방법을 알아보아요.

 **휴지통에 파일 삭제하기**

파일을 삭제하면 우선 휴지통으로 이동해요. 휴지통에 파일을 보내고, 복원하는 방법을 알아보아요.

① 바탕 화면에 '사진' 폴더를 만들고 예제 폴더에 있는 모든 사진을 Ctrl 을 누른 상태에서 드래그하여 파일을 복사해요.

❷ '사진' 폴더에 있는 파일 중에서 '사진1', '사진2' 이미지만 Ctrl 을 누른 상태에서 클릭하여 선택해요.

❸ 파일을 삭제하기 위해 [홈] 탭-[구성] 그룹-[삭제(✕)]를 클릭해요.

❹ '사진' 폴더에서 선택한 두 개의 파일이 삭제된 것을 확인할 수 있어요.

❺ 파일이 삭제되기 전에 [파일 삭제] 대화 상자가 표시되면 '예(Y)' 단추를 눌러 파일을 삭제해요.

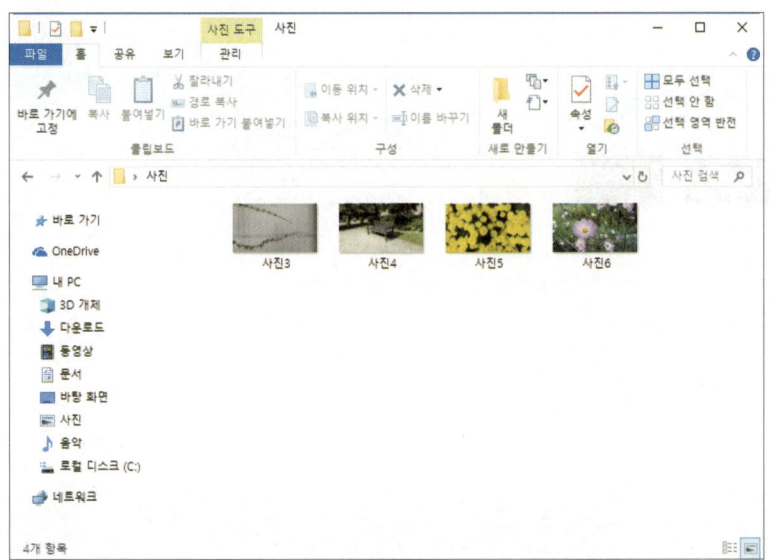

❻ 삭제된 파일을 확인하기 위해 바탕 화면의 [휴지통] 아이콘을 더블 클릭해요. [휴지통]이 열리면 삭제한 두 개의 사진 파일이 표시돼요.

❼ 파일을 복원하기 위해 [휴지통] 안의 삭제된 파일을 선택하고 [휴지통 도구]-[관리]탭-[복원] 그룹의 [선택한 항목 복원( )]을 클릭해요.

❽ '사진' 폴더를 확인하면 휴지통에 버린 두 개의 파일이 다시 복원된 것을 알 수 있어요.

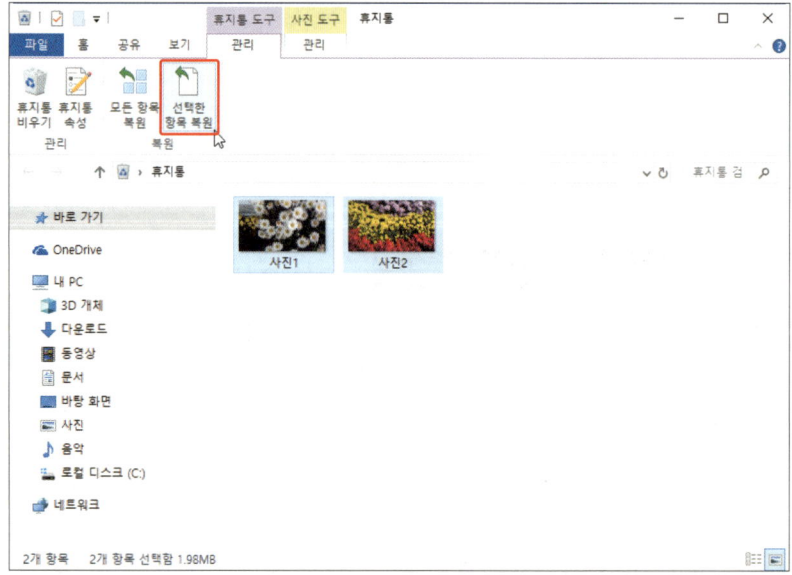

02 휴지통 비우기

휴지통 안에 가득 찬 파일을 비워 공간을 확보할 수 있어요. 휴지통을 비우는 방법을 알아보아요.

① '사진' 폴더의 모든 파일을 선택하고 삭제해요. [휴지통]을 열고 삭제된 파일을 확인해요.

② 휴지통을 비우기 위해 [휴지통 도구]-[관리] 탭-[관리] 그룹에서 [휴지통 비우기( )]를 클릭해요.

③ 휴지통 안에 있는 파일이 사라진 것을 확인할 수 있어요. 휴지통 비우기를 하면 파일을 다시 복원할 수 없어요.

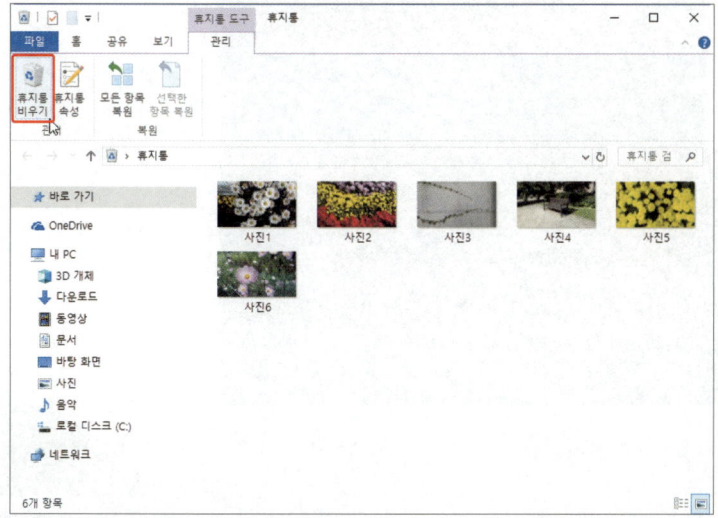

01 예제 파일 폴더의 모든 사진 파일을 삭제하고, 휴지통에서 꽃 이미지만 복원해 보세요.

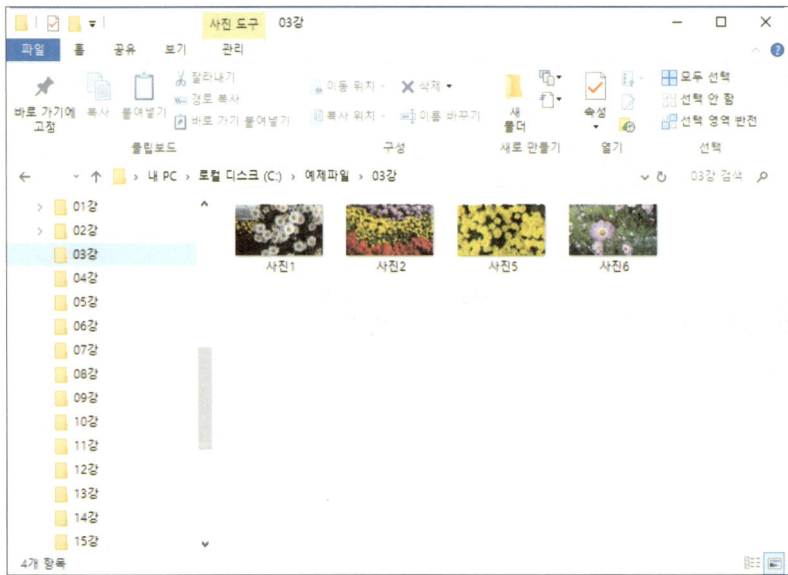

02 바탕 화면에서 마우스 오른쪽 버튼 메뉴를 이용하여 휴지통을 비워보세요.

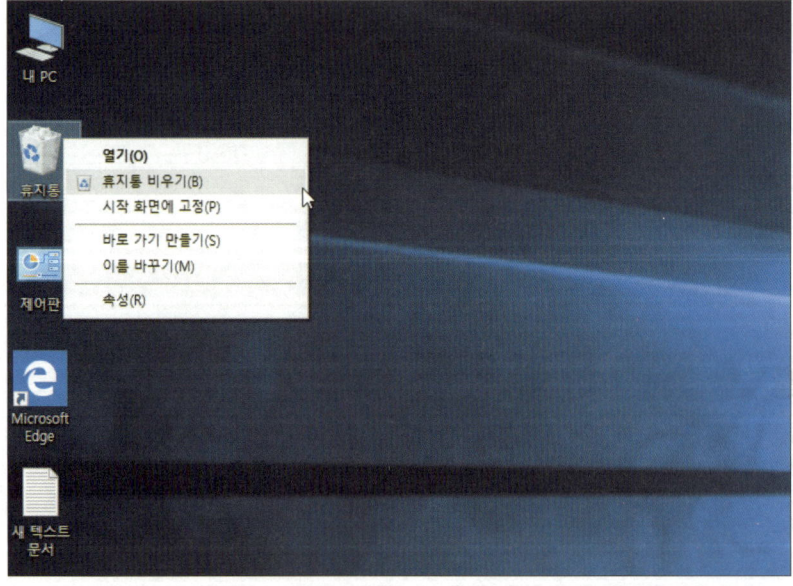

04강 새로운 앱 설치하기

이렇게 배워요!

- 스토어(Microsoft Store)에서 새로운 앱을 설치해 보아요.
- 설치된 앱을 활용하고 제거하는 방법을 알아보아요.

 **01 새로운 앱 설치하기**

스토어(Microsoft Store)에서 앱을 검색하고 설치하는 방법을 알아보아요.

① [시작(⊞)] 단추-[모든 앱]-[Microsoft Store(🛍)] 또는 작업 표시줄의 [Microsoft Store(🛍)] 아이콘을 클릭해요. 그림과 같이 내 컴퓨터에 설치할 수 있는 많은 앱들이 목록으로 표시돼요.

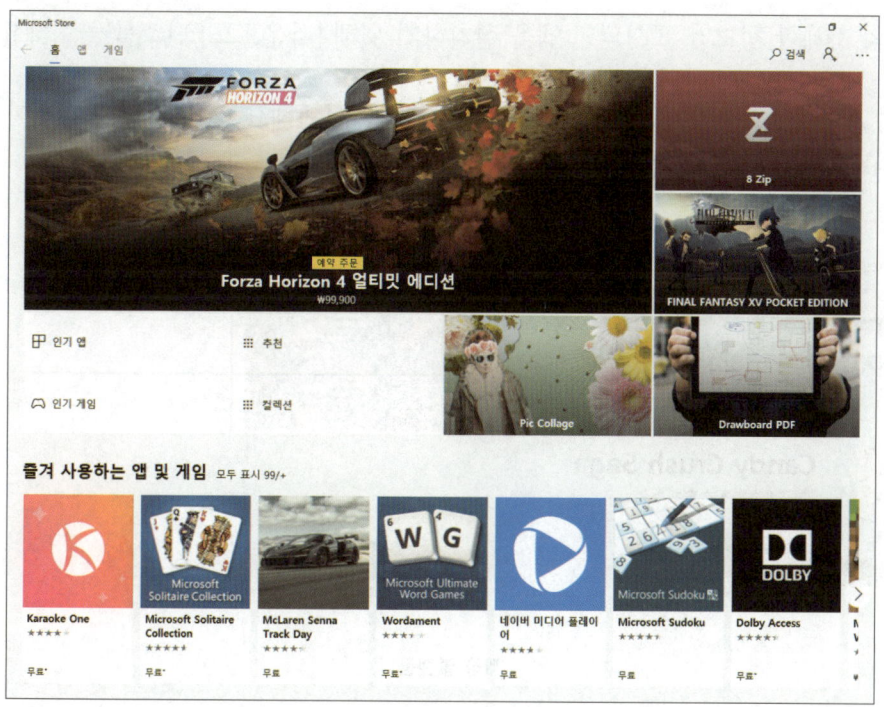

❷ 새로운 앱을 설치하기 위해 메뉴에서 [검색]을 클릭해요. 입력 창이 표시되면 '캔디 크러쉬'를 입력하고 검색 아이콘을 클릭해요.

❸ 검색 결과가 목록으로 표시되면 설치할 앱을 클릭하여 선택해요.

❹ 선택한 앱의 자세한 정보가 표시되면 앱을 설치하기 위해 [다운로드] 단추를 클릭해요.

❺ '장치 간에 사용' 대화상자가 표시되면 [관심 없음]을 선택해요. Microsoft 계정이 있는 경우 [로그인]을 눌러서 계정 정보를 입력해요.

❻ 앱 설치가 시작되면 다운로드가 진행돼요. 앱 설치가 끝나면 [플레이] 단추를 클릭해서 앱을 실행해요.

❼ 설치한 앱이 실행되면 화면에 표시되는 지시에 따라 게임을 진행해 보세요. 똑같은 캔디를 3개 이상 이어 가면서 재미있는 게임을 즐겨 보아요.

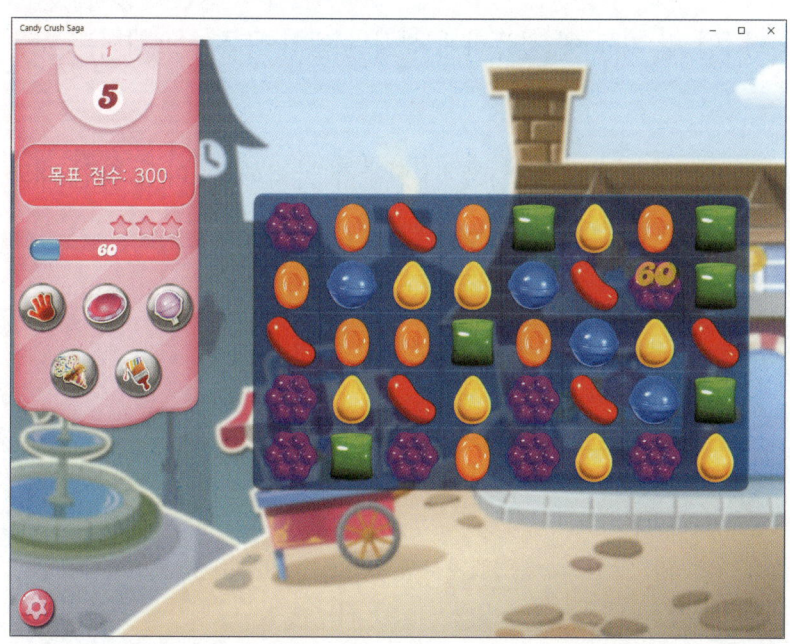

설치된 앱 제거하기

내 컴퓨터에 설치된 앱을 제거하는 방법을 알아보아요.

❶ 컴퓨터에 설치된 앱을 제거하기 위해 [시작(🪟)] 단추-[설정(⚙)]을 클릭해요.

❷ [Windows 설정] 대화 상자가 표시되면 [앱(📋)]을 클릭해요.

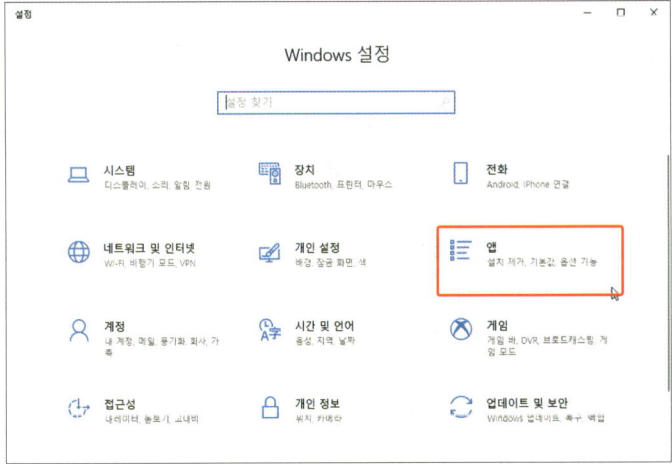

❸ 대화 상자가 표시되면 [앱 및 기능]에 컴퓨터에 설치된 앱의 목록이 표시되는 것을 확인할 수 있어요.

❹ 설치한 'Candy Crush Saga'를 선택하고 [제거] 단추를 클릭해요. 다시 확인 대화 상자가 표시되면 [제거] 단추를 클릭해요.

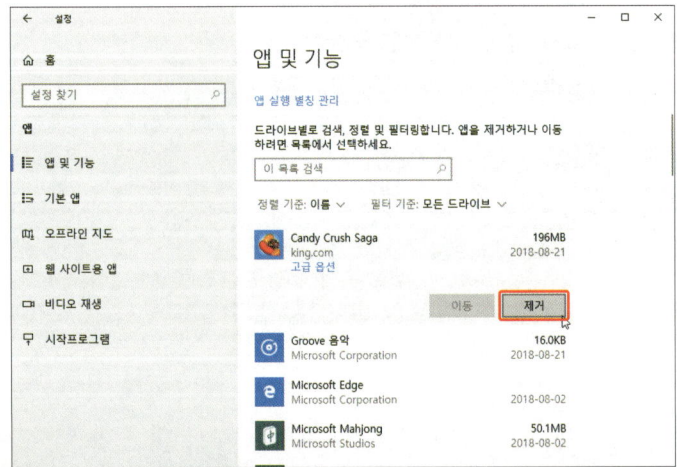

01 스토어(Microsoft Store)에서 '나만의 동영상' 앱을 설치해 보세요.

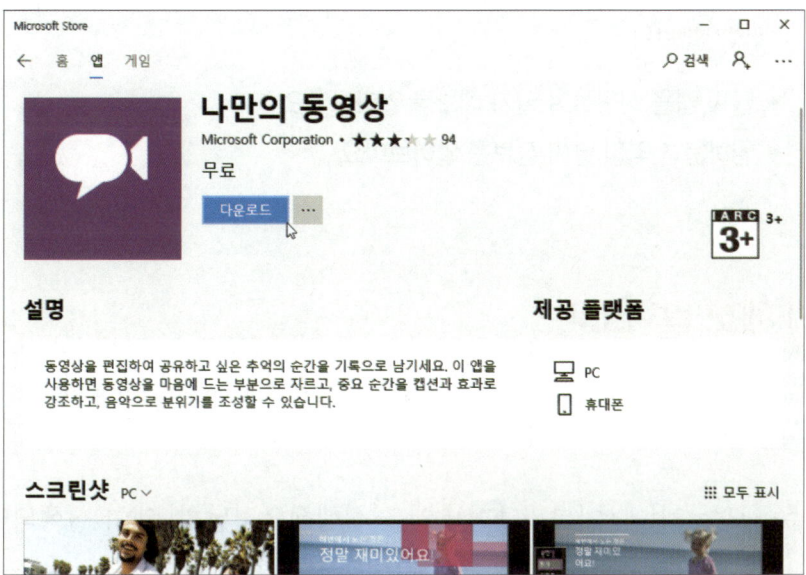

02 스토어에서 설치한 앱을 찾아 제거해 보세요.

05강 일기 예보 알아보기

이렇게 배워요!

- 날씨 앱을 이용하여 일기 예보를 알아보아요.
- 원하는 지역의 날씨 정보를 알아보아요.

01 일기 예보 알아보기

날씨 앱을 이용하면 일기 예보를 쉽게 알 수 있어요. 날씨 정보에 대해 알아보아요.

❶ [시작()] 단추-[모든 앱]에서 [날씨( )] 앱을 실행해요. [날씨] 앱이 실행되면 현재 있는 위치의 날씨 정보를 그림과 같이 표시해요.

❷ [날씨] 앱 화면 오른쪽의 스크롤바를 이동하여 날씨에 대한 다양한 정보를 확인할 수 있어요.

❸ 각 요일에 대한 날씨 정보 뿐 아니라 해와 달이 뜨는 시간, 강수량, 습도, 기온 등의 정보를 알 수 있어요.

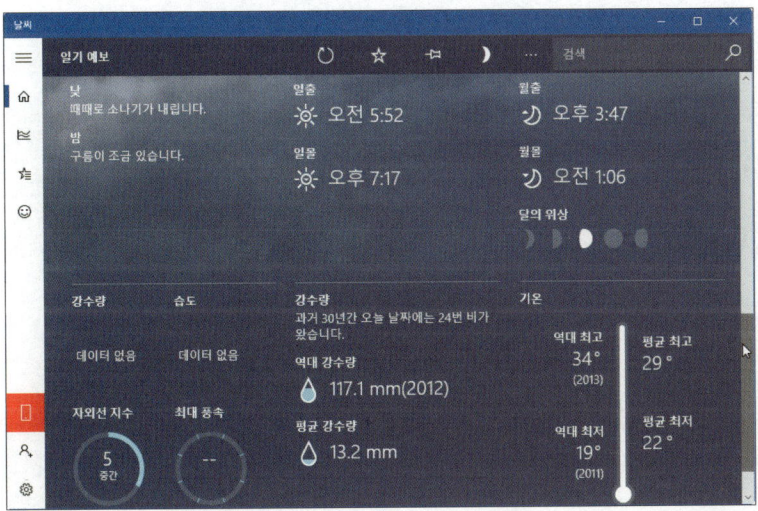

❹ 이전 날씨 정보를 알아보기 위해 화면 왼쪽 메뉴에서 '과거 날씨(≊)'를 클릭해요.

❺ 현재 위치의 1년간 기온과 강수량, 눈 온 날 등의 정보를 표시해요. 그래프에서 원하는 달을 클릭하면 해당하는 정보를 보여줘요.

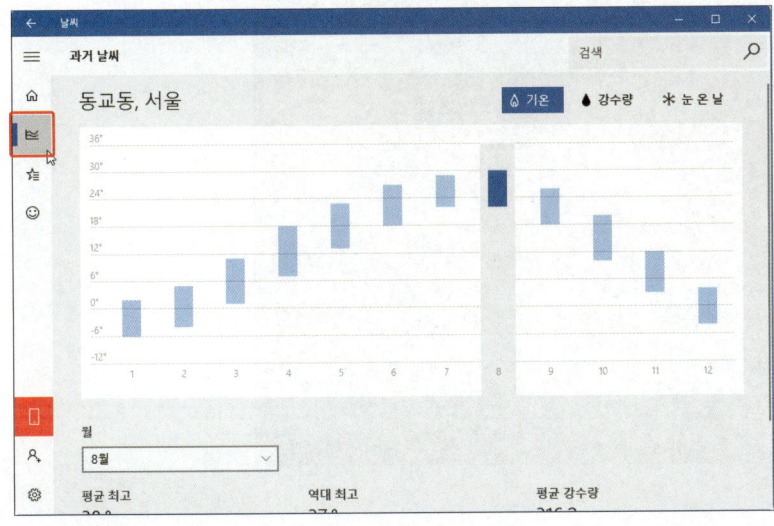

❻ 다른 지역의 날씨 정보를 찾기 위해 [검색] 란에 '제주'를 입력하고 Enter 키를 눌러요.

❼ 그림과 같이 제주의 날씨 정보를 보여줘요. 검색한 지역의 날씨에 따라 배경 화면이 다르게 표시되는 것을 알 수 있어요.

❽ 다른 나라의 날씨 정보도 찾을 수 있어요. [검색] 란에 '파리'를 입력하여 목록이 표시되면 프랑스의 '파리'를 선택해요. 그림과 같이 '파리'의 날씨 정보를 보여줘요.

❾ 다른 지역과 나라의 도시 이름을 입력하여 날씨 정보를 검색해 보세요.

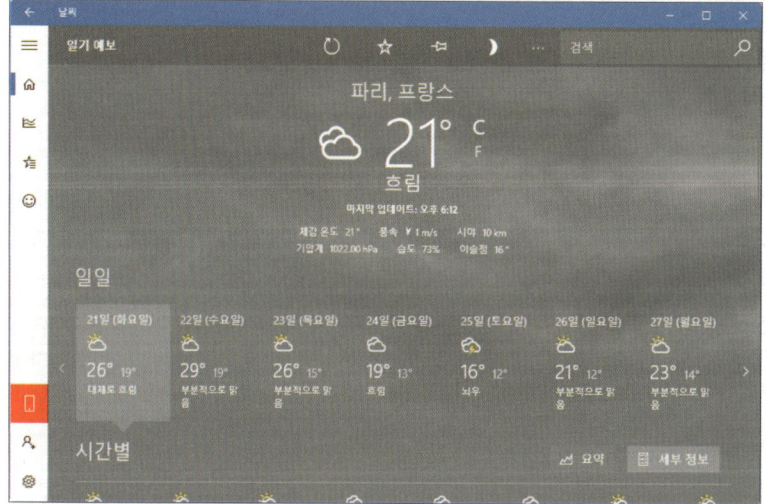

02 즐겨찾기로 저장하기

자주 찾는 지역의 날씨 정보를 즐겨찾기로 저장해서 빠르게 날씨를 알아보아요.

① [검색] 란에 '인천'을 입력해서 인천의 날씨 정보를 그림과 같이 표시해요.

② 즐겨찾기에 추가하기 위해 상단 메뉴의 [즐겨찾기에 추가(☆)] 아이콘을 클릭해요.

③ 왼쪽 메뉴의 [즐겨찾기]를 클릭하면 [좋아하는 장소]에 '인천'이 추가된 것을 확인할 수 있어요.

④ 즐겨찾기 된 지역 위에서 마우스 오른쪽 버튼을 클릭하여 표시되는 메뉴에서 [즐겨찾기에서 제거]를 선택하면 즐겨찾기 목록에서 제거할 수 있어요.

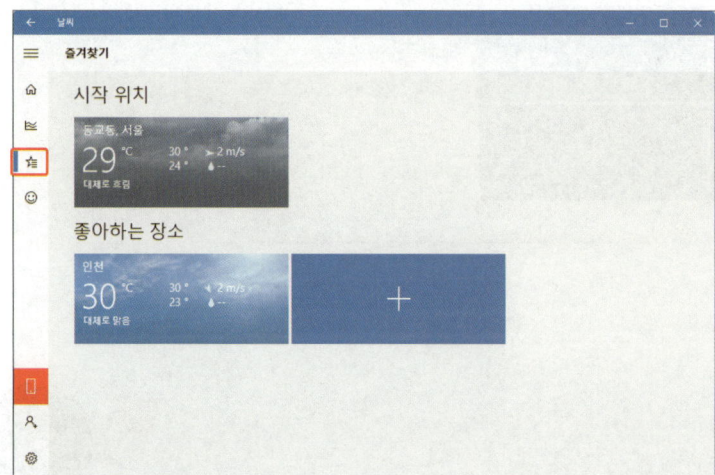

01 '대전'의 날씨를 검색하고 이번 주 토요일의 날씨를 확인해 보세요.

02 미국의 '뉴욕', 이집트의 '카이로', 핀란드의 '헬싱키'의 날씨를 검색하고 즐겨찾기로 저장해 보세요.

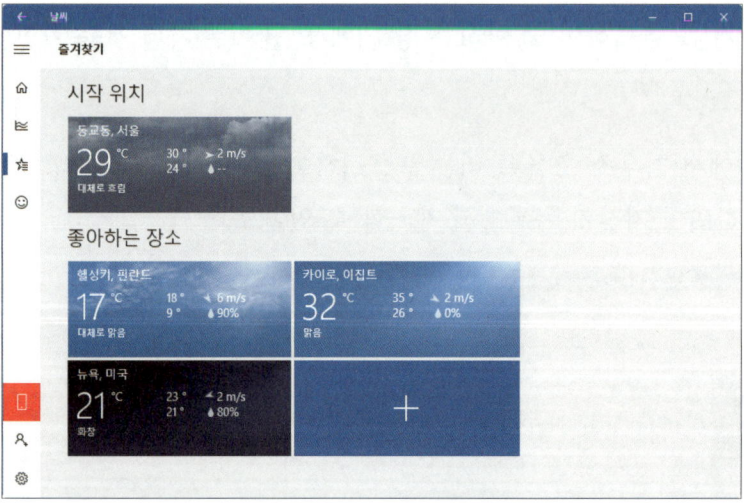

06강 일정 기록하기

이렇게 배워요!
- 일정 앱을 이용하여 나의 일정을 기록해 보아요.
- 일정 앱을 활용하는 다양한 방법을 알아보아요.

01 일정 등록하기

일정 앱을 이용하면 많은 일정을 간단히 정리하고 관리할 수 있어요. 일정을 만드는 방법을 알아보아요.

① [시작( )] 단추-[모든 앱]에서 [일정( )] 앱을 실행해요. [일정] 앱이 실행되면 그림과 같이 달력이 표시되고 오늘 날짜를 파란색 선과 글자로 표시해요.

❷ 달력에 일정을 추가하기 위해 오늘 날짜를 마우스로 클릭해요.

❸ 그림과 같이 일정을 입력할 수 있는 상자가 표시되면 [이벤트 이름]에는 '친구 약속'을 입력하고 [완료] 단추를 클릭해요.

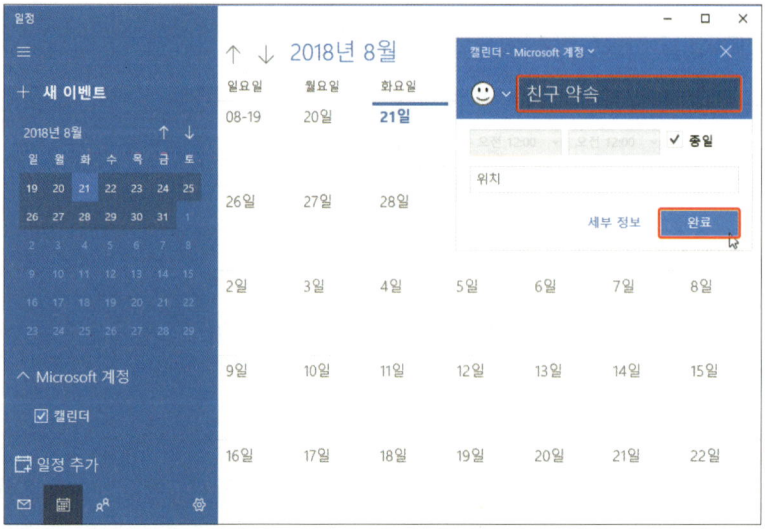

❹ 일정이 입력되면 오늘 날짜에 '친구 약속'이 표시되는 것을 확인할 수 있어요.

❺ 저장된 일정 위에 마우스를 가져가면 자세한 내용을 표시해요.

❻ 새로운 일정을 추가하기 위해 오늘 날짜를 마우스로 클릭하고 [새 이벤트] 단추를 클릭해요.

❼ [이벤트 이름]에는 '도서관 방문'을 입력하고, '종일'의 체크를 해제한 후 시간을 '오전 10:00'~'오전 11:00'로 설정하고 [완료] 단추를 클릭해요.

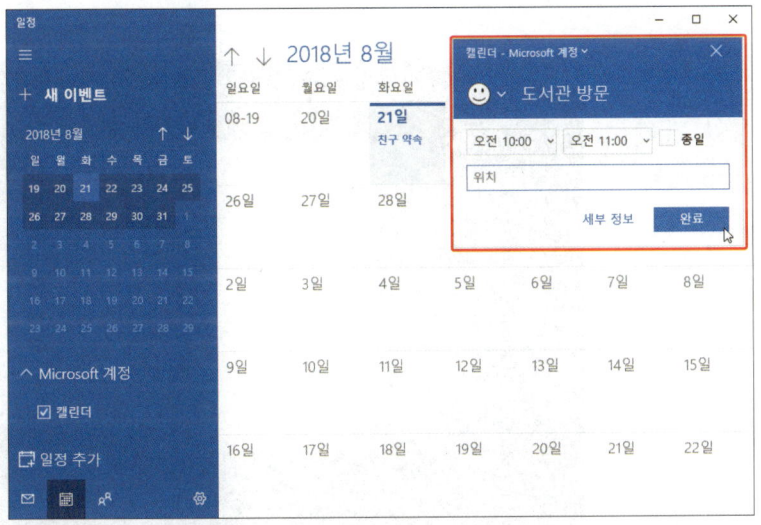

❽ 새로운 일정이 등록되면 상단 메뉴의 [주( )]를 클릭해요. 그림과 같이 일주일의 일정이 표시되고, 오늘 날짜의 오전 일정에 '도서관 방문' 일정이 저장한 시간에 맞게 표시돼요.

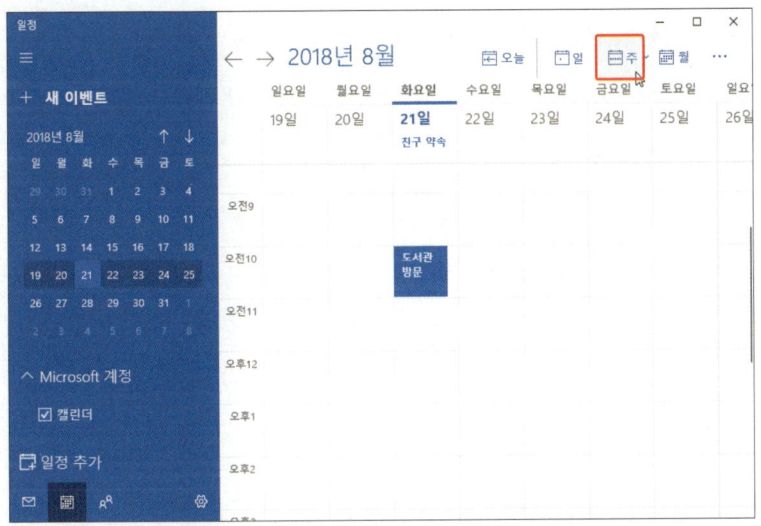

일정 관리하기

등록한 일정을 다른 날짜로 이동하거나 삭제하는 방법을 알아보아요.

① 일정을 다른 날짜로 바꾸기 위해 '친구 약속' 일정을 마우스로 드래그하여 내일 날짜로 이동해요.

② 선택한 일정이 이동한 것을 확인할 수 있어요. 일정이 가까워지면 그림과 같이 화면에 일정을 알림으로 알려줘요.

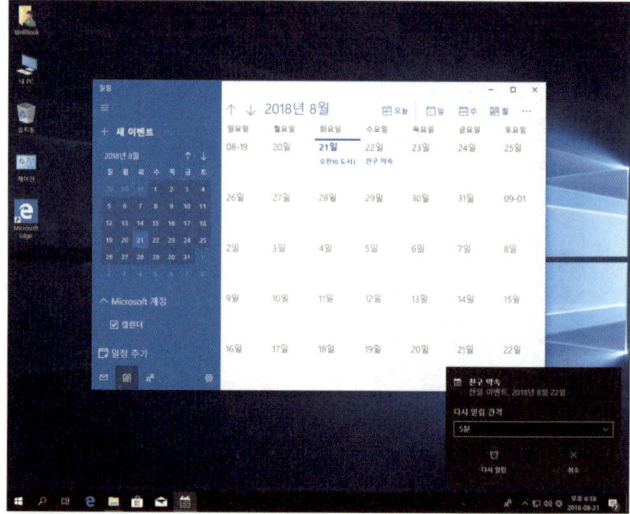

③ 일정을 삭제하기 위해 '도서관 방문' 일정 위에서 마우스 오른쪽 버튼을 클릭하여 표시되는 메뉴에서 [삭제(🗑)]를 선택해요.

④ 선택한 일정이 삭제되면 배운 방법을 이용하여 새로운 일정들을 등록해 보세요.

01 일정 앱을 이용하여 아래와 같은 일정을 내일 날짜에 등록해 보세요.

〈내일 일정〉
- 오전 9시 : 체험학습 출발
- 오전 12시~오후 1시 : 점심식사 및 자유시간
- 오전 10시~오전 12시 : 생태공원 체험학습
- 오후 1시~오후 3시 : 환경 그리기 대회

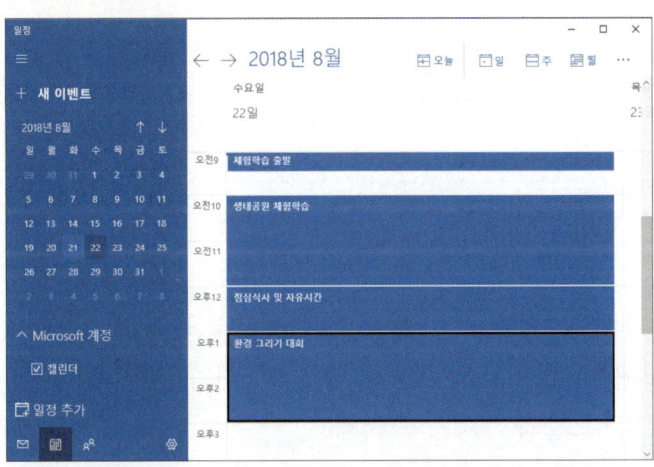

02 일정 앱을 이용하여 아래와 같은 일정을 해당 날짜에 등록해 보세요.

〈일정 등록〉
- 2021년 9월 21일 : 추석
- 2023년 4월 21일 : 과학의 날
- 2022년 2월 1일 : 설날
- 2024년 10월 25일 : 독도의 날

35

07강 그림판 3D로 만들기

이렇게 배워요!

- 그림판 3D로 재미있는 그림을 만들어 보아요.
- 3D 모델을 꾸미는 방법에 대해 알아보아요.

01 3D 그림 만들기

3D는 입체적인 모양을 말해요. 3D 모델을 만들고 재미있게 꾸며 보아요.

❶ [시작( )] 단추-[모든 앱]에서 [그림판 3D( )] 앱을 실행해요. 앱의 상단 메뉴에서 [3D 셰이프( )]를 선택해요. 그림과 같이 화면 오른쪽에 [3D 셰이프] 창이 표시되고 선택할 수 있는 다양한 3D 모델과 개체가 표시돼요.

❷ [3D 셰이프] 창의 [3D 개체]에서 '정육면체'를 선택해요. 마우스로 화면 위를 드래그하여 '정육면체'를 삽입해요.

❸ 화면에 '정육면체'가 삽입되고 바깥 부분에 조절점과 회전 도구가 표시돼요. 마우스로 드래그하여 그림과 같은 크기와 모양이 되도록 만들어 보세요.

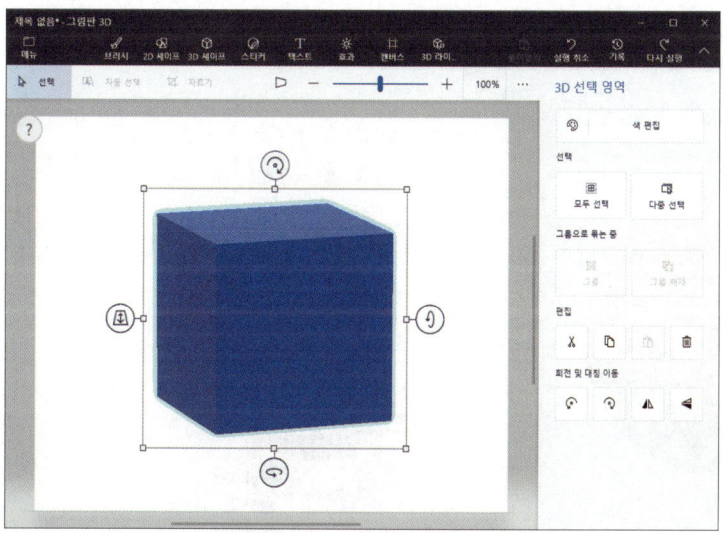

❹ 3D 셰이프에 색을 칠하기 위해 상단 메뉴에서 [브러시(🖌)]를 선택해요. 화면 오른쪽에 [채우기] 창이 표시되면 '채우기'를 선택하고 색은 '빨강'을 선택한 후 '정육면체' 위를 클릭해요.

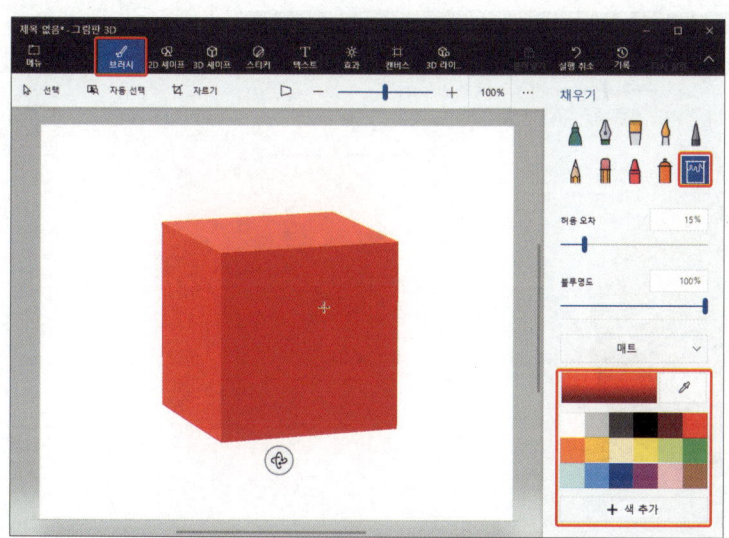

❺ 메뉴에서 [선택(↖)]을 선택하고 '정육면체'를 클릭해요. '정육면체'가 선택되면 Delete 를 눌러 삽입된 도형을 삭제해요.

❻ 지금까지 배운 방법을 이용하여 [3D 개체]에서 '구형'을 선택해 삽입하고 금색으로 바꿔요.

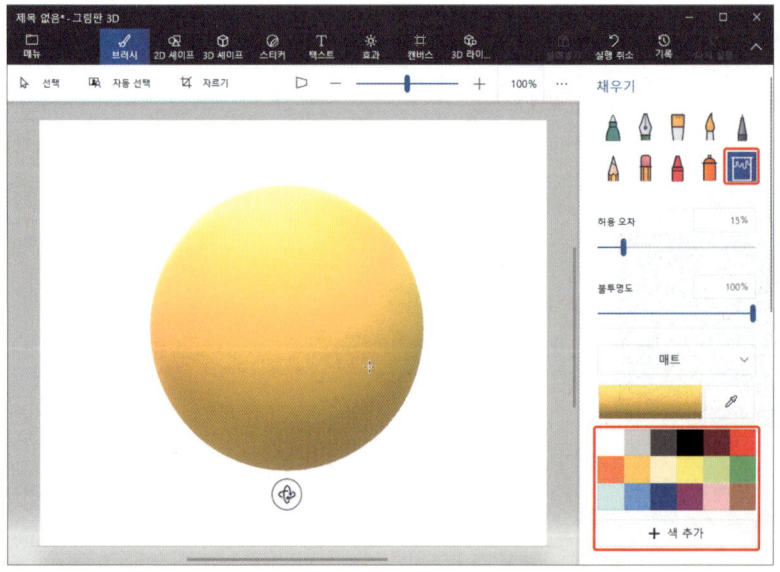

❼ 도형을 꾸미기 위해 상단 메뉴에서 [스티커(◎)]를 선택해요. [스티커] 창이 표시되면 '태양'을 선택해요. '구형' 위를 드래그하여 그림과 같이 스티커를 삽입해요.

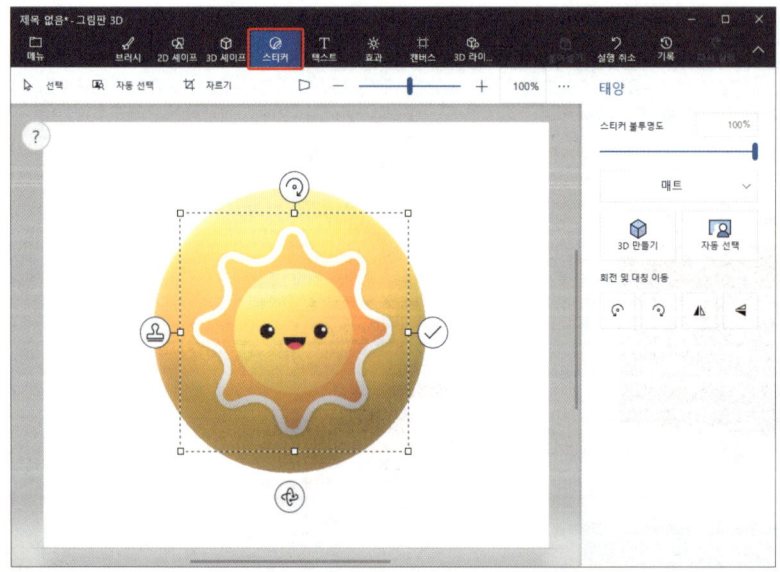

❽ 다른 스티커를 삽입하여 태양의 눈과 입을 그림과 같이 재미있게 바꿔 보세요. 삽입된 스티커는 삭제할 수 없기 때문에 [실행 취소(↶)] 단추를 클릭하여 취소해야 해요.

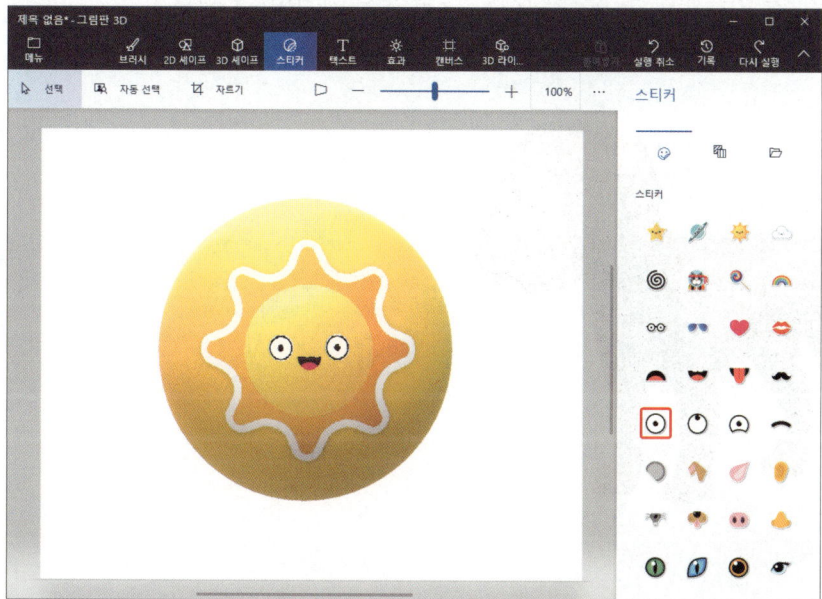

❾ 메뉴의 [3D 보기]를 클릭해요. 삽입된 도형을 3D로 볼 수 있어요.

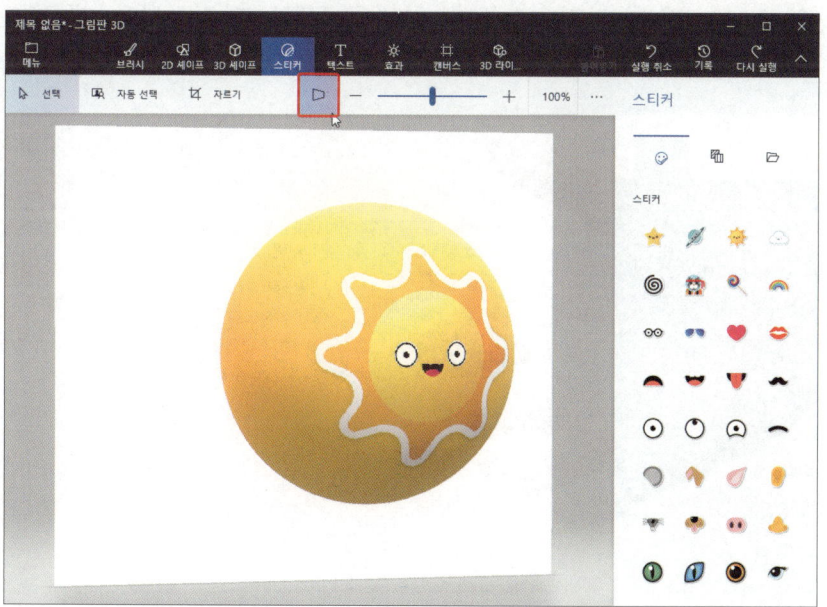

01 [3D 셰이프]의 '개'를 이용하여 색과 스티커로 그림과 같이 꾸며 보세요.

02 [3D 라이브러리]에서 '손' 모양을 가져오고 '연한 회색'을 적용하고 회전시켜 보세요.

08강 혼합 현실 뷰어로 3D 맛보기

이렇게 배워요!

- 혼합 현실과 모델 애니메이션에 대해 알아보아요.
- 그림판 3D에서 모델을 꾸미는 방법을 알아보아요.

 **혼합 현실 체험하기**

혼합 현실은 카메라로 촬영되는 주변 영상에 가상의 3D 모델을 표현하는 것을 말해요.

❶ [시작(⊞)] 단추-[모든 앱]에서 [혼합 현실 뷰어(📦)] 앱을 실행해요. 앱이 실행되면 그림과 같이 공룡이 움직이는 모습이 보여요.

❷ 마우스 왼쪽 버튼을 드래그하면 공룡을 모습을 다른 각도로 볼 수 있어요. 마우스 오른쪽 버튼으로 드래그하면 공룡의 위치를 바꿀 수 있어요.

❸ 마우스 휠 버튼을 이용하여 공룡을 확대하거나 축소할 수 있어요.

❹ 화면 아래의 [모델 애니메이션]의 목록에 표시된 애니메이션을 클릭하면 다양한 공룡의 움직임을 볼 수 있어요.

❺ 다른 모델을 가져오기 위해 상단 메뉴의 [3D 라이브러리( )]를 클릭해요. 다양한 모델의 목록이 표시되면 '상어'를 선택해 앱으로 가져와요.

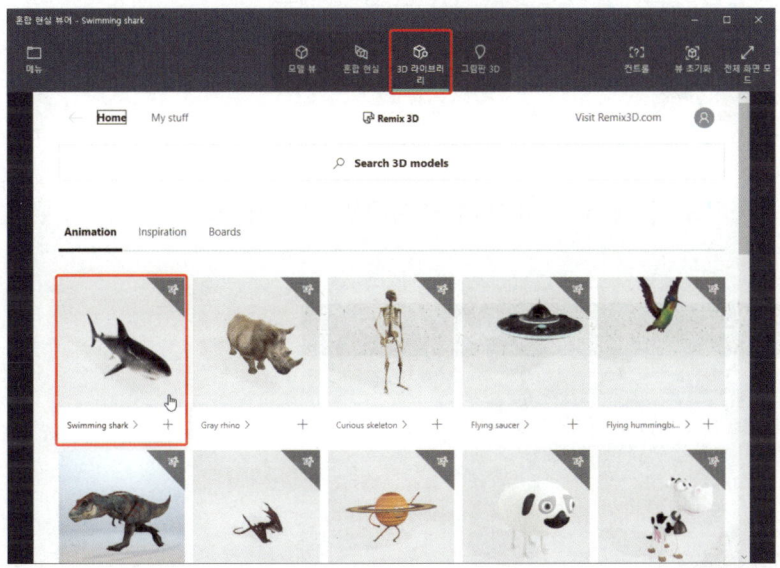

❻ 화면 아래의 [모델에 애니메이션 추가]를 이용하면 상어의 움직임을 다양하게 만들 수 있어요.

❼ [모델 애니메이션 속도]에서 애니메이션이 실행되는 속도를 바꿀 수 있어요.

02 그림판 3D에서 편집하기

3D 모델을 그림판 3D로 가져와 편집하는 방법을 알아보아요.

❶ 상단 메뉴의 [그림판 3D()]를 클릭해요. 애니메이션 지원과 관련된 창이 표시되면 [예]를 클릭해요.

❷ [그림판 3D] 앱이 자동으로 실행되고 '상어'가 표시되면 크기와 보기 위치를 그림과 같이 바꿔요.

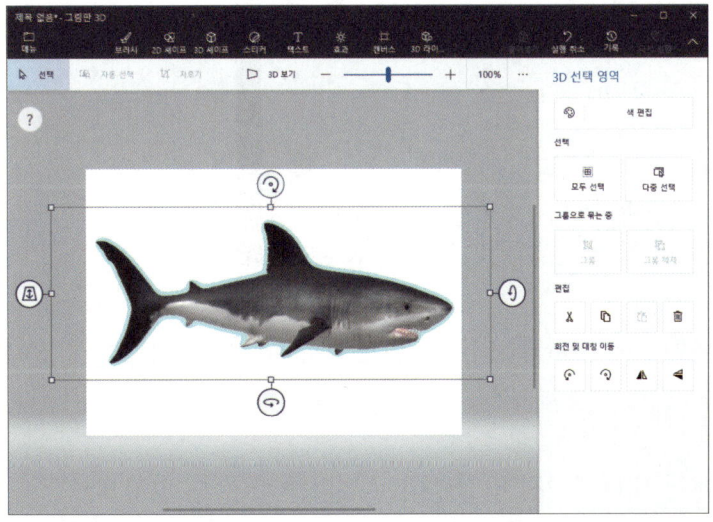

❸ [브러시]를 이용하여 상어의 지느러미를 그림과 같이 다양한 색으로 꾸며보세요.

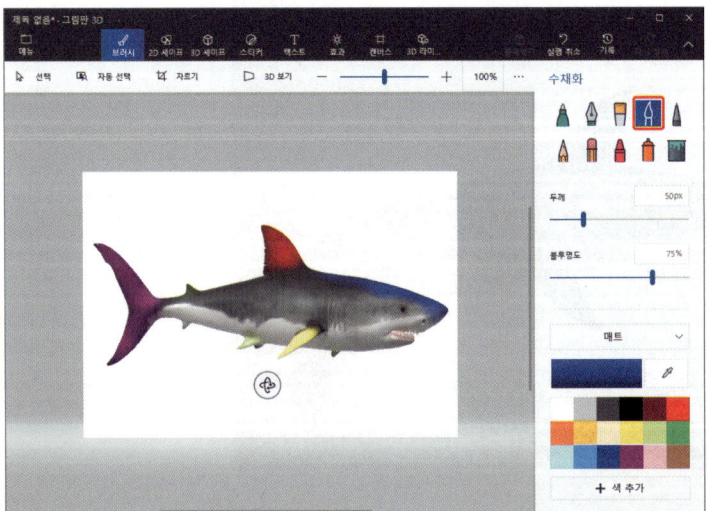

01 [3D 라이브러리]에서 '태양계(Orbiting solar system)'를 가져온 후 태양과 지구, 달의 움직임을 관찰해 보세요.

02 [3D 라이브러리]에서 '비행기(Aerobatic airplane)'를 가져온 후 그림판 3D에서 색을 칠해 보세요.

사진 편집과 보정하기

이렇게 배워요!

- 사진 앱으로 사진을 편집하는 방법을 알아보아요.
- 사진에 다양한 효과와 필터를 적용하는 방법을 알아보아요.

 **사진 편집하기**

컴퓨터에 저장된 사진을 더블 클릭하면 자동으로 사진 앱에서 열려요. 사진을 편집하는 방법을 알아보아요.

[예제파일] 강아지풀.jpg

① 예제 파일이 들어있는 폴더에서 불러오려는 사진을 더블 클릭해요. 자동으로 사진 앱이 실행되고 선택한 사진이 표시돼요.

❷ 사진을 확대/축소하기 위해 상단 메뉴의 [확대/축소( )]를 클릭하고 슬라이더의 바를 움직여서 크기를 바꿔 보아요.

❸ Ctrl 을 누른 상태에서 마우스 휠 버튼을 이용해 사진을 확대/축소할 수 있어요.

❹ 사진 위에서 마우스 오른쪽 버튼을 눌러 표시되는 메뉴에서 [실제 크기 보기]를 선택해요. 그림을 원래 크기로 표시해요.

❺ 사진을 편집하기 위해 상단 메뉴의 [편집 및 만들기(✂)]에서 [편집(🖼)]을 선택해요.

❻ [자르기 및 회전]을 선택하고 사진 위에 표시되는 조절점을 드래그하여 원하는 부분만 선택한 후 [완료] 단추를 클릭해요.

❼ 사진의 색을 보정하기 위해 [사진 자동 보정]을 클릭해요. 바를 움직여서 사진을 보정해요.

❽ [필터 선택]에서 'Napa'를 선택해요. 사진에 필터 효과가 적용되면 [저장] 단추를 클릭해요.

❾ [편집 및 만들기(✂)]에서 [그리기(✒)]를 선택해요. 그리기 도구가 표시되면 '볼펜'을 선택하고 사진 위에 마우스를 드래그하여 글자를 넣어 보세요. '볼펜' 아래의 화살표를 누르면 색을 선택할 수 있어요.

❿ 그림을 지울 때는 상단 도구에서 '지우개'를 선택하고 글자 위를 드래그해요.

01 사진 앱을 이용하여 아래 조건과 같이 사진을 편집해 보세요.

[예제파일] 사진보정.jpg

 조건
- 그림과 같은 크기가 되도록 사진을 자르세요.
- 사진 자동 보정을 이용하여 사진을 보정하세요.(보정값 : 60)
- 'Sahara' 필터를 적용하세요.

[예제파일] 사진그리기.jpg

02 사진 앱을 이용하여 그림과 같이 사진에 그림을 그려 보세요.

10강 나만의 비디오 만들기 1

이렇게 배워요!

- 비디오 편집기로 비디오를 만드는 방법을 알아보아요.
- 저장된 사진을 추가하고 배치하는 방법을 알아보아요.

01 사진 폴더 추가하기

비디오를 편집할 때 사용할 사진 폴더를 가져와 추가하는 방법을 알아보아요.

[예제파일] 사진1.jpg, 사진2.jpg, 사진3.jpg, 사진4.jpg

1. [시작( )] 단추-[모든 앱]-[비디오 편집기( )]를 선택해 앱을 실행해요. 사진이 들어있는 폴더를 추가하기 위해 상단 메뉴의 [폴더]를 선택해요.

❷ [폴더 추가]를 클릭하여 표시되는 [폴더 선택] 대화상자에서 사진이 들어있는 폴더를 선택하고 [이 폴더를 사진에 추가] 단추를 클릭해요.

❸ 폴더가 추가되면 더블 클릭하여 폴더 안의 사진들이 추가된 것을 확인해 보세요.

❹ 폴더 안의 사진으로 비디오를 만들기 위해 상단 메뉴의 [만들기( )]-[음악이 있는 사용자 지정 비디오( )]를 선택해요.

02 사진 배치하기

비디오를 만들기 위해 사진을 추가하고 배치하는 방법을 알아보아요.

① '비디오 이름 지정' 입력란에 '내 비디오'를 입력하고 [확인] 단추를 클릭해요.

② 스토리 보드의 사진을 드래그하여 위치를 이동할 수 있어요. 그림과 같은 순서가 되도록 사진을 이동해 보세요.

③ 사진 재생 시간을 설정하기 위해 [스토리 보드]의 메뉴에서 [시간(🕐)]을 선택해요. 표시 시간을 '3초'로 설정해요.

④ 나머지 사진도 그림과 같이 시간을 설정해요. 원하는 시간이 표시되지 않으면 직접 입력해서 설정해요.

53

03 테마와 음악 설정하기

비디오 전체에 테마와 음악을 설정하는 방법을 알아보아요.

❶ 테마를 설정하기 위해 상단 메뉴의 [테마]를 클릭하고 [테마 설정] 대화 상자의 목록에서 '클래식'을 선택한 후 [완료] 단추를 클릭해요.

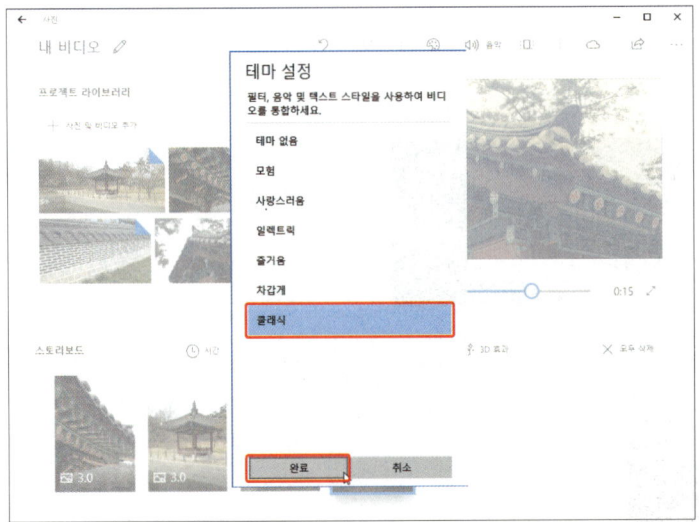

❷ 비디오가 실행되는 동안 음악을 재생하기 위해 상단 메뉴의 [음악]을 클릭하고 대화 상자의 [맞춤]의 목록에서 '연못'을 선택한 후 [완료] 단추를 클릭해요.

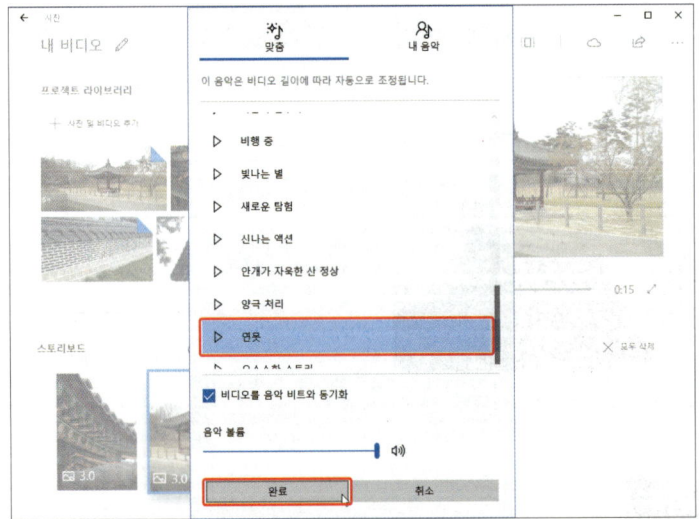

01 비디오의 이름을 '나만의 비디오'로 수정해 보세요.

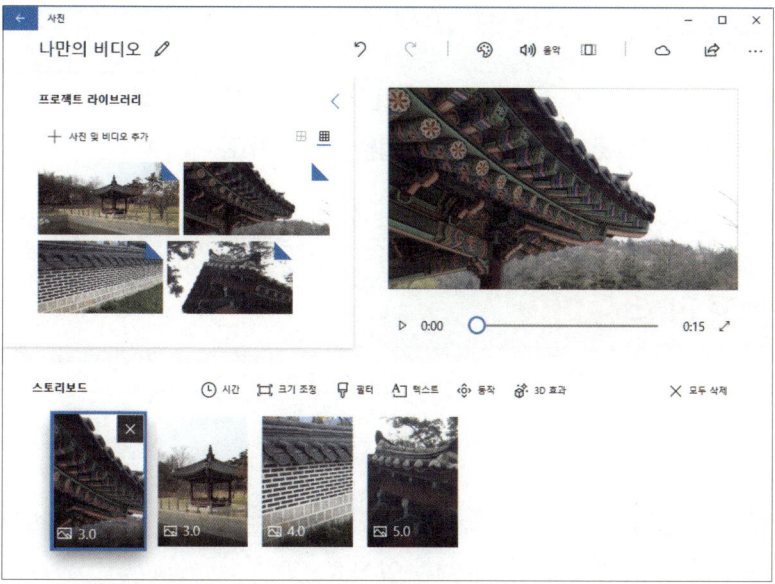

02 그림과 같이 사진의 위치와 시간을 바꾸어 보세요.

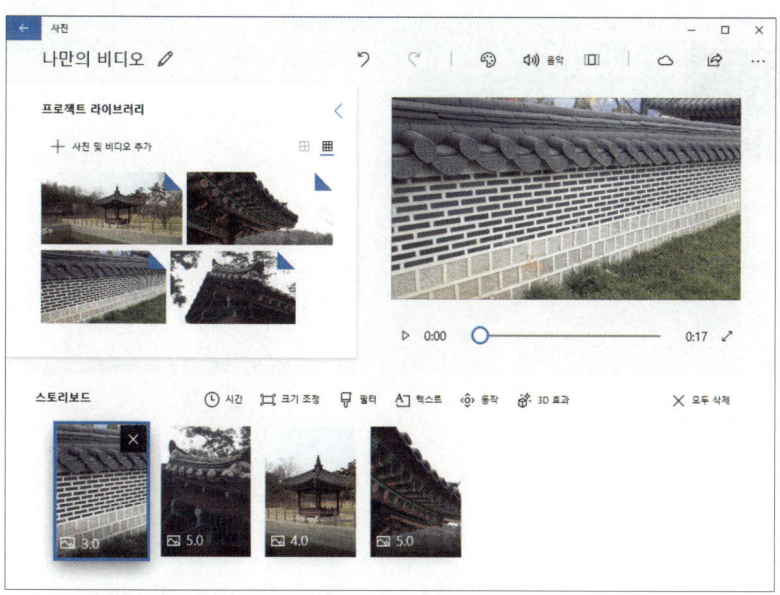

11강 나만의 비디오 만들기 2

이렇게 배워요!

- 다양한 효과를 이용하여 비디오를 편집하는 방법을 알아보아요.
- 비디오에 3D 효과를 적용하는 방법을 알아보아요.

 비디오 효과 적용하기

사진에 필터와 텍스트, 동작을 적용하여 멋진 비디오를 만들어 보아요.

① [비디오 편집기] 앱을 실행하고 [비디오 프로젝트] 메뉴에서 이전에 저장한 비디오를 클릭해요. 이전에 작업한 프로젝트를 불러올 수 있어요.

❷ [스토리보드]에서 사진을 선택하고 메뉴의 [필터( )]를 클릭해요.

❸ 필터를 선택할 수 있는 목록이 표시되면 '활기찬'을 선택해요. 사진에 선택한 필터 효과가 적용된 것을 확인할 수 있어요.

❹ 사진 위에 텍스트를 삽입하기 위해 상단 메뉴의 [텍스트( )]를 클릭해요. 오른쪽의 [텍스트] 창에 '전통문화'를 입력해요.

❺ [애니메이션 텍스트 스타일]에서 '즐거움'을 선택하고 [레이아웃]은 '타이틀 2'로 선택해요.

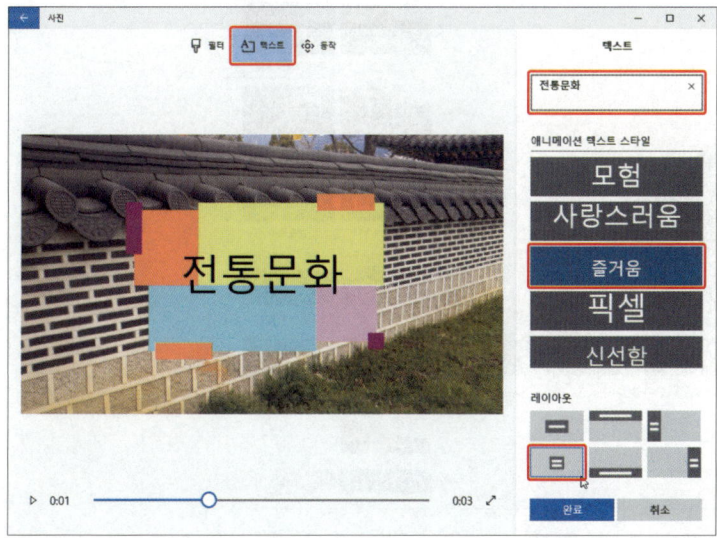

❻ 사진에 움직임을 주기 위해 상단 메뉴의 [동작( )]을 클릭해요. 오른쪽의 [동작] 창에 표시된 목록에서 '중심 축소'를 선택해요.

❼ [재생] 단추를 클릭해서 적용된 효과를 확인한 후 [완료] 단추를 클릭해 적용한 효과를 저장해요.

❽ 같은 방법을 이용하여 모든 사진에 재미있는 효과들을 적용해 보세요.

02 3D 효과 삽입하기

미리 만들어진 3D 효과를 적용하여 멋진 비디오를 만들어 보아요.

❶ [스토리보드] 메뉴의 [3D 효과()]를 클릭해요. 사용할 수 있는 효과 목록이 표시되면 '사방으로 퍼져 나가는 광채'를 선택해요.

❷ 사진 위에 효과가 삽입되면 위치와 크기를 설정하고 [재생] 단추를 클릭해 확인해 보세요.

❸ 다른 사진에도 3D 효과를 삽입해서 재미있는 비디오를 만들어 보세요.

❹ 비디오를 저장하기 위해 상단 메뉴의 [내보내기 또는 공유]를 클릭하고 원하는 파일 크기를 선택해요.

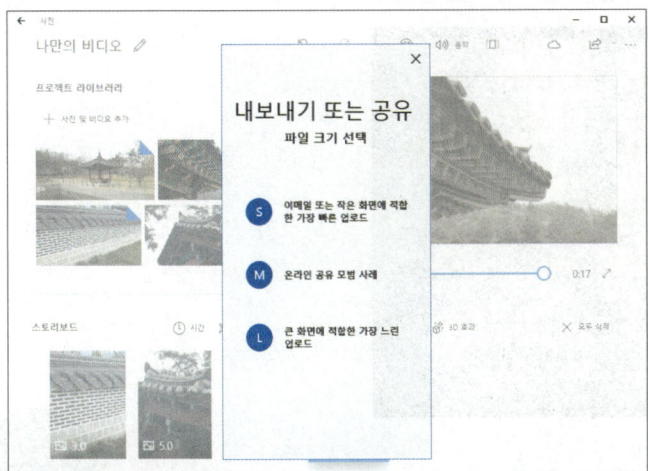

01 '사진자료' 폴더의 사진을 이용하여 아래의 조건에 맞게 비디오를 만들어 보세요.

> **조건**
> - 사진1 : 시간(3초), 필터(진주), 텍스트(사랑스러움, 내용 : 내가 만든 비디오)
> - 사진2 : 시간(5초), 필터(즐거움), 동작(왼쪽으로 이동)
> - 사진3 : 시간(3초), 필터(모험), 동작(가운데에서 확대)
> - 사진4 : 시간(4초), 필터(사랑스러움), 동작(중심 축소), 3D 효과(반딧불이)

02 편집이 끝난 비디오를 저장한 후 재생해서 확인해 보세요.

12강 워드패드로 문서 만들기

이렇게 배워요!

- 워드패드 앱으로 문서를 만들어 보아요.
- 문서에 서식을 적용하는 방법을 알아보아요.

01 워드패드로 문서 만들기

워드패드 앱을 이용하여 서식이 적용된 예쁜 문서를 만들 수 있어요.

① [시작(■)] 단추-[모든 앱]-[Windows 보조프로그램]에서 [워드패드(■)]를 클릭해요. 앱이 실행되면 그림과 같이 내용을 입력해요.

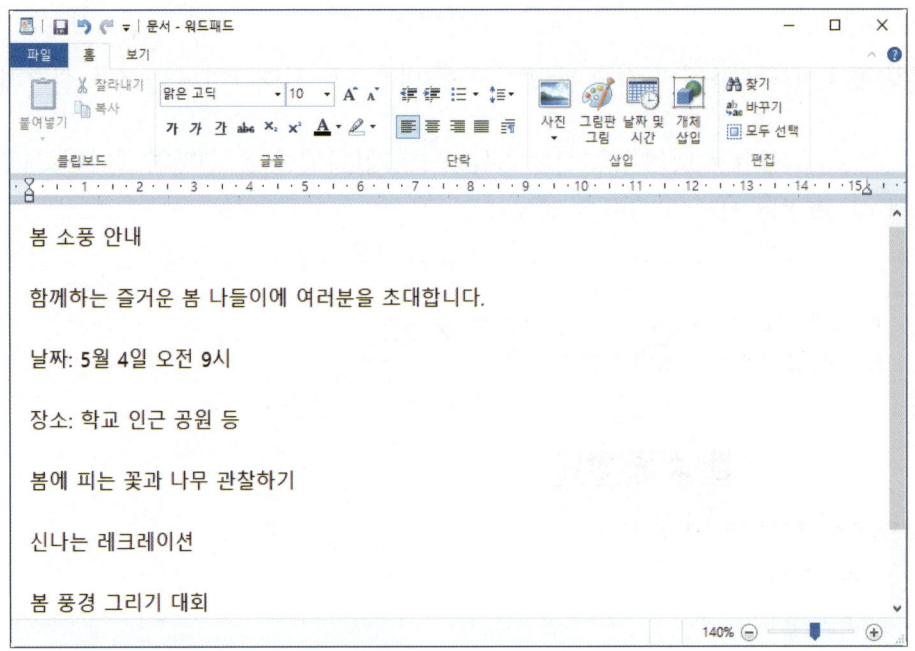

❷ 입력한 내용을 모두 선택하기 위해 [홈] 탭-[편집] 그룹에서 [모두 선택( )]을 클릭해요.

❸ 그림과 같이 워드패드에 입력한 내용이 모두 선택되면 [홈] 탭-[글꼴] 그룹에서 [글꼴 크기]를 '12'로 설정해요.

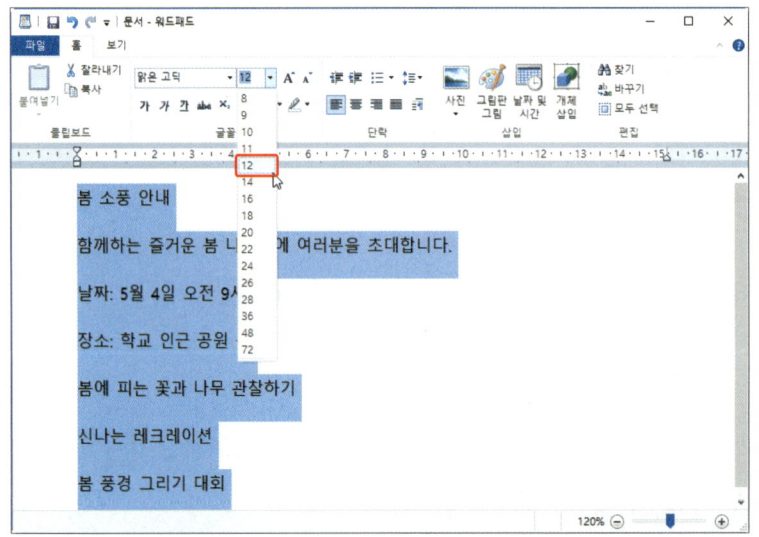

❹ 제목 부분에 서식을 적용하기 위해 첫 번째 줄을 마우스로 드래그하여 블록을 설정해요.

❺ [홈] 탭-[글꼴] 그룹에서 [글꼴 크기]는 '24pt', [굵게], [밑줄]을 선택하고, [단락] 그룹에서 '가운데( )'를 선택해 서식을 설정해요.

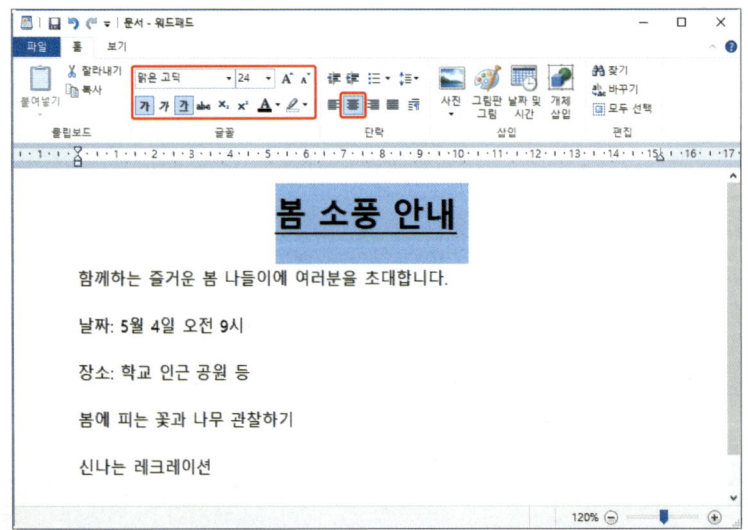

❻ 글꼴 색을 바꾸기 위해 [홈] 탭-[글꼴] 그룹에서 [텍스트 색( )]의 화살표를 클릭하고 색 목록에서 '생생한 파랑'을 선택해요.

❼ 나머지 부분도 같은 방법을 이용하여 [글꼴 크기]는 '16', [텍스트 색( )]은 '어두운 회색'으로 설정해요.

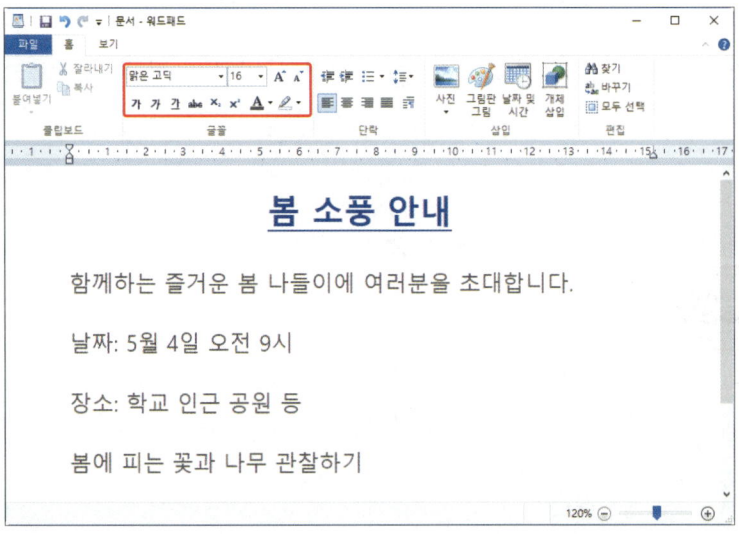

❽ 단락의 모양을 목록으로 바꾸기 위해 바꾸려는 부분을 드래그하여 블록 설정해요.

❾ [홈] 탭-[단락] 그룹의 [목록 모양( )]의 화살표를 클릭하고 '번호 매기기'를 선택해요.

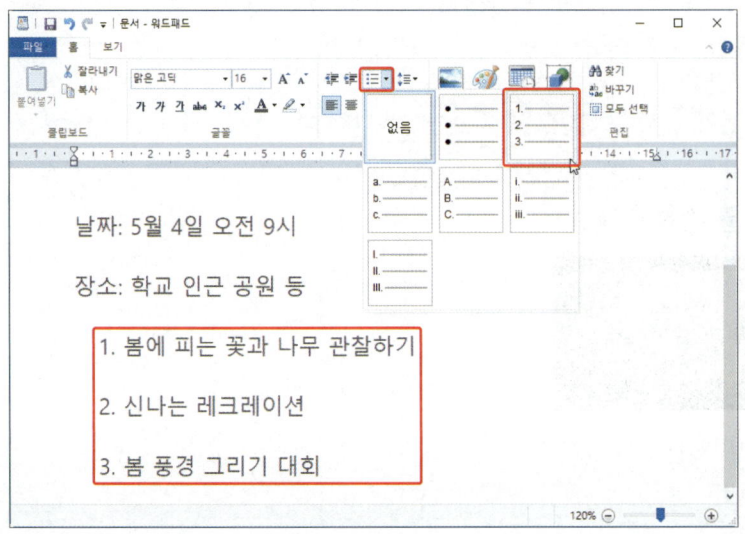

02 문서에 그림 삽입하기

컴퓨터에 저장된 그림을 워드패드에서 만든 문서로 가져오는 방법을 알아보아요.

[예제파일] 그림삽입.jpg

❶ 문서에 그림을 삽입하기 위해 [홈] 탭-[삽입] 그룹에서 [사진( )]을 클릭해요.

❷ [사진 선택] 대화 상자가 표시되면 사진이 있는 폴더에서 삽입할 사진을 선택하고 [열기] 단추를 클릭해요.

❸ 문서에 삽입된 사진을 클릭하여 표시되는 조절점을 드래그하여 크기를 축소해요.

❹ 제목 아래 부분으로 사진을 드래그하여 위치를 바꿔 문서를 완성해요.

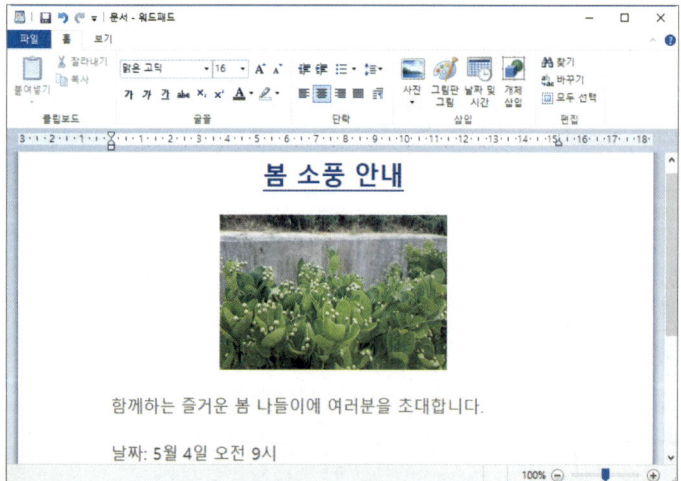

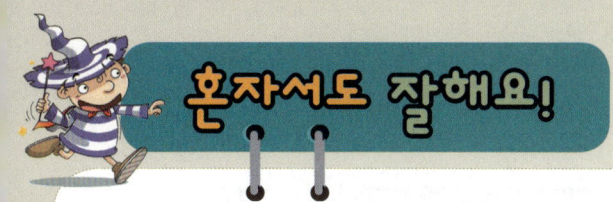

[예제파일] 나비와 함께.rtf

01 파일을 불러온 후 아래 조건에 맞게 서식을 설정해 보세요.

- 제목 : 글꼴 패밀리(궁서), 글꼴 크기(24pt), 굵게, 기울임꼴, 밑줄, 글꼴 색(풍부한 빨강)
- 본문 1 : 글꼴 패밀리(맑은 고딕), 글꼴 크기(16pt), 글꼴 색(짙은 녹색)
- 본문 2 : 글꼴 패밀리(맑은 고딕), 글꼴 크기(16pt), 기울임꼴, 목록 시작(Bullet)

<u>나비와 함께 날아요</u>

어제 밤 꿈 속에서 멋진 날개를 펴고 하늘을 훨훨 날았어요.

하늘하늘 가볍게 꽃밭을 예쁜 나비들과 함께 날아요.

- 빨간 꽃, 노란 꽃이 가득한 들판을 가로질러
- 나도 나비처럼 훨훨 자유롭게 하늘을 날고 싶어요.

[예제파일] 나비야.rtf

02 파일을 불러온 후 아래 조건에 맞게 서식을 설정해 보세요.

- 본문 : 글꼴 패밀리(맑은 고딕), 글꼴 크기(18pt), 글꼴 색(부드러운 파랑)
- '나비' 단어 : 글꼴 패밀리(맑은 고딕), 글꼴 크기(22pt), 굵게, 기울임꼴, 글꼴 색(생생한 빨강)

나비야 **나비**야 이리 날아 오너라.

노랑 **나비** 흰 **나비** 춤을 추며 오너라.

봄바람에 꽃잎도 방긋방긋 웃으며

참새도 짹짹짹 노래 하며 춤춘다.

인터넷에서 자료 가져오기

이렇게 배워요!

- 인터넷에 있는 텍스트와 이미지를 저장하는 방법을 알아보아요.
- 워드패드에 텍스트와 이미지를 가져오는 방법을 알아보아요.

01 인터넷에서 자료 가져오기

인터넷의 자료를 가져와 컴퓨터에 저장하거나 문서에 삽입하는 방법을 알아보아요.

 [엣지] 브라우저를 실행하고 '네이버(www.naver.com)'에서 '세종대왕'에 대한 정보를 검색하여 그림과 같이 웹페이지를 표시해요.

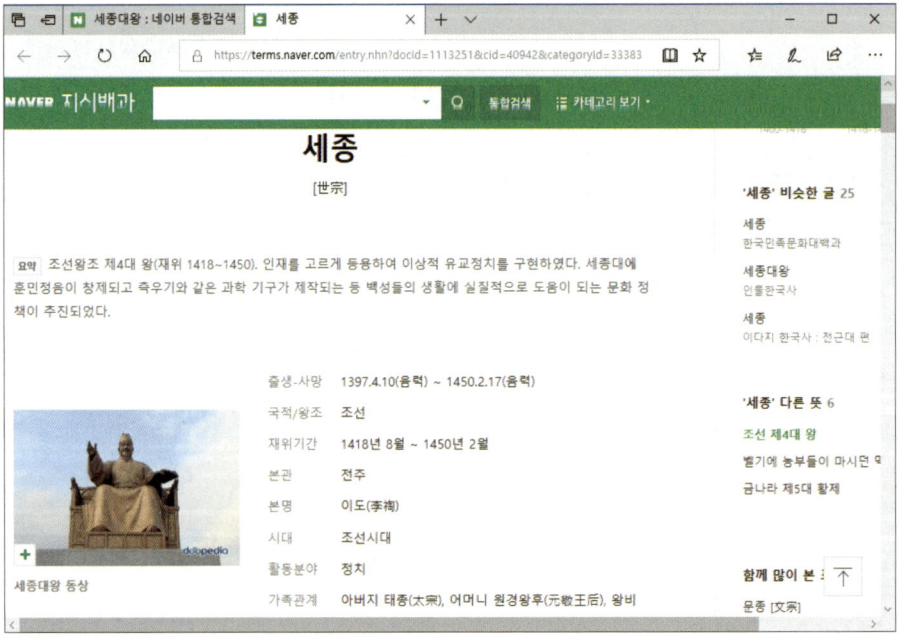

❷ 웹페이지의 사진을 저장하기 위해 사진 위에서 마우스 오른쪽 버튼을 클릭하여 표시되는 메뉴에서 [다른 이름으로 사진 저장]을 선택해요.

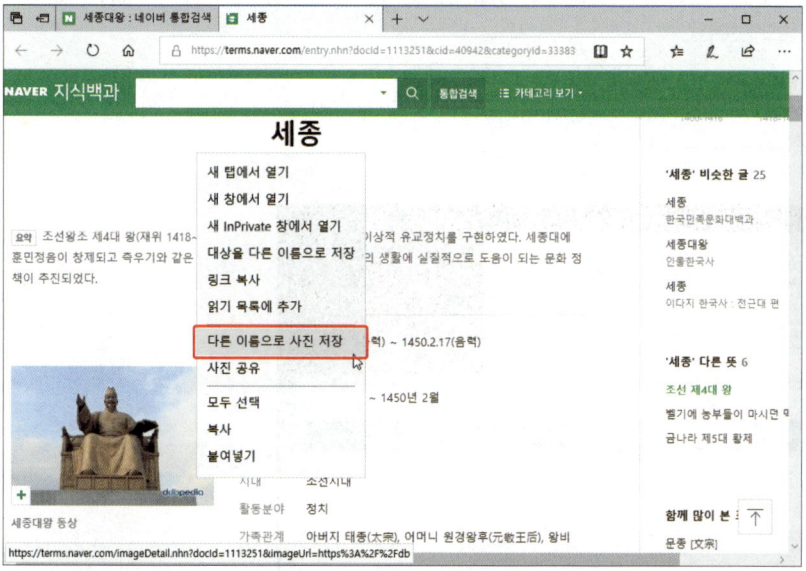

❸ [다른 이름으로 저장] 대화상자가 표시되면 저장할 폴더를 '바탕 화면'으로 설정하고 [파일 이름]은 '세종대왕'으로 변경한 후 [저장] 단추를 클릭해요.

❹ 바탕 화면을 확인하면 선택한 사진이 저장된 것을 확인할 수 있어요.

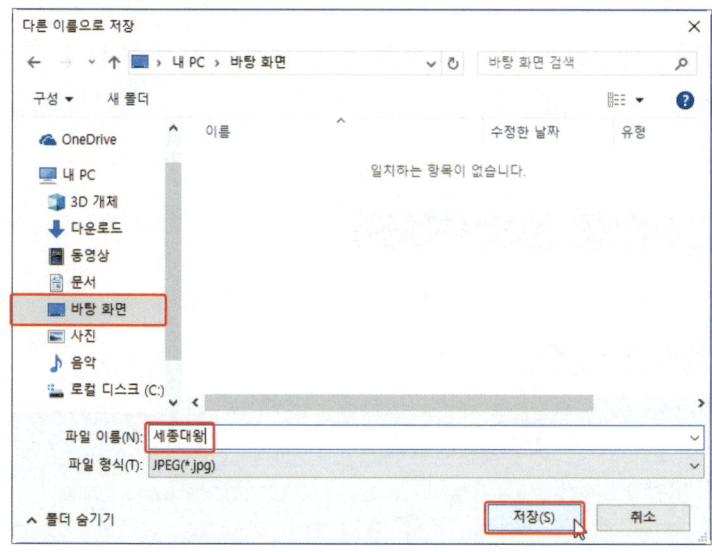

 ## 워드패드에 인터넷 자료 삽입하기

워드패드와 같이 문서를 작성할 수 있는 프로그램에 인터넷의 텍스트와 이미지를 저장하는 방법을 알아보아요.

❶ [워드패드] 앱을 실행해요. 문서를 작성할 수 있는 창이 표시되면 [엣지] 브라우저의 크기를 조절해서 그림과 같이 창을 표시해요.

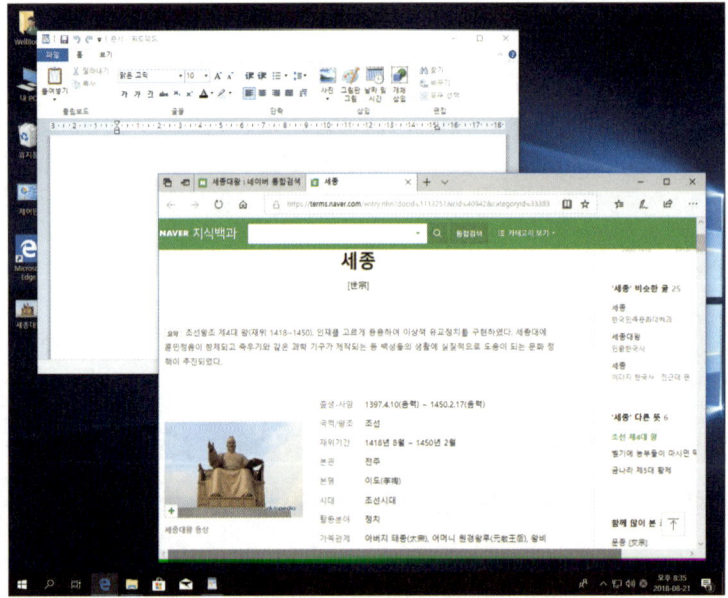

❷ 복사할 텍스트를 마우스로 드래그하여 블록 설정한 후 마우스 오른쪽 버튼을 클릭하여 표시되는 메뉴에서 [복사]를 선택해요.

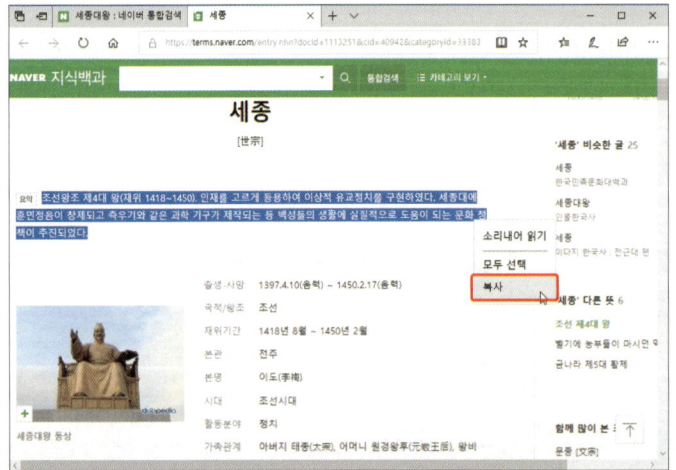

❸ 워드패드 창으로 이동한 후 빈 공간 위에 마우스 오른쪽 버튼을 클릭하고 [붙여넣기( )]를 선택해요.

❹ 웹페이지의 텍스트가 복사되면 글꼴 서식을 설정해서 그림과 같이 문서를 정리해요. 제목에는 '세종대왕에 대하여'를 입력해요.

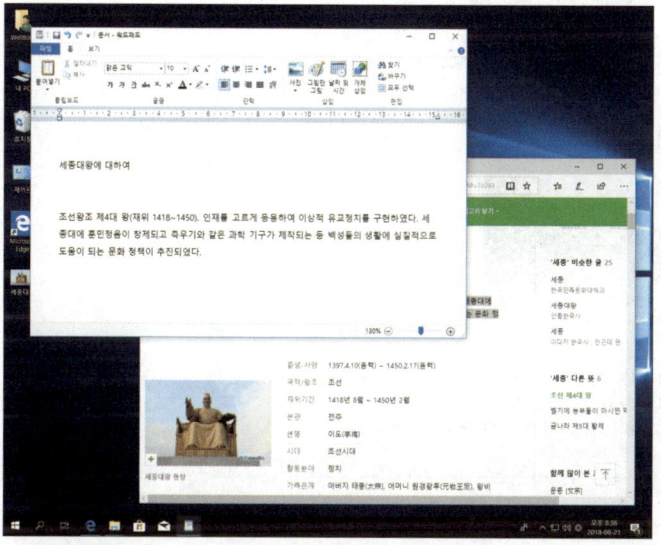

❺ 워드패드에 사진을 가져오기 위해 웹페이지의 사진 위에서 마우스 오른쪽 버튼을 클릭하고 [복사]를 선택해요.

❻ 워드패드의 [홈] 탭-[클립보드] 그룹의 [붙여넣기( )]를 클릭해요. 복사한 사진이 삽입되면 위치를 조절하여 문서를 완성해요.

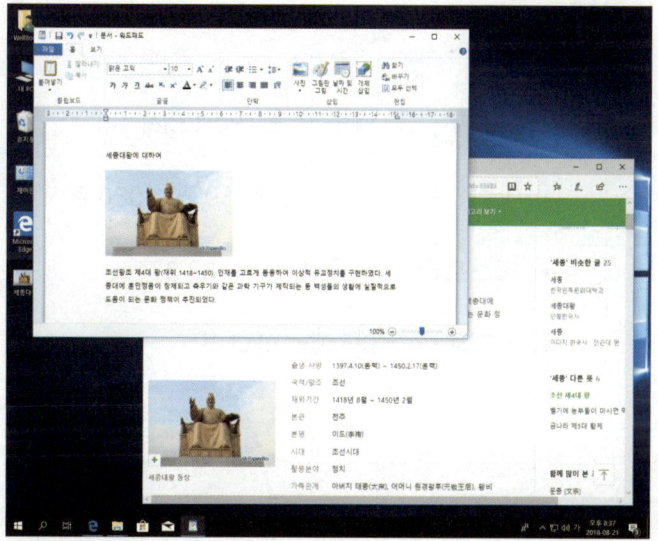

📁 [예제파일] 새로 만들기

01 '다산 정약용'에 대해 검색하고 인물 정보와 관련된 사진을 워드패드에 정리해 보세요.

📁 [예제파일] 세계의 국가.rtf

02 파일을 불러온 후 인터넷에서 정보를 찾아 비어있는 칸에 올바르게 채워 보세요.

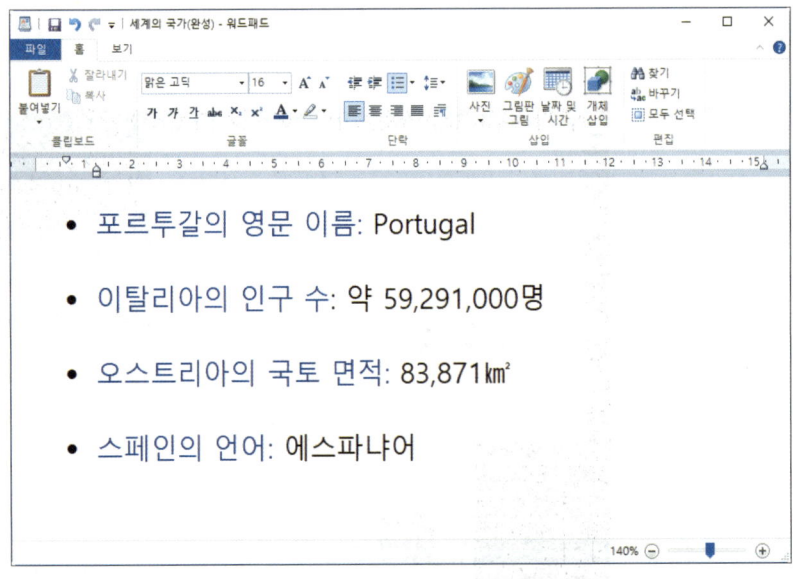

14강 웹페이지에 메모하기

이렇게 배워요!

- 웹페이지에 메모를 삽입하는 방법을 알아보아요.
- 웹페이지의 필요한 부분만 잘라내는 방법을 알아보아요.

01 웹페이지에 선 그리기

웹페이지의 중요한 부분에 선을 긋는 방법에 대해 알아보아요.

① [엣지] 브라우저를 실행하고 '네이버(www.naver.com)'에서 '커피'를 검색해 그림과 같이 웹페이지를 표시해요.

② 웹페이지에 선을 삽입하기 위해 상단 메뉴에서 [메모 추가()] 아이콘을 클릭해요. 보라색으로 메뉴가 표시되면 [볼펜(▽)]을 선택하고 마우스를 드래그해서 그림과 같이 선을 그려요.

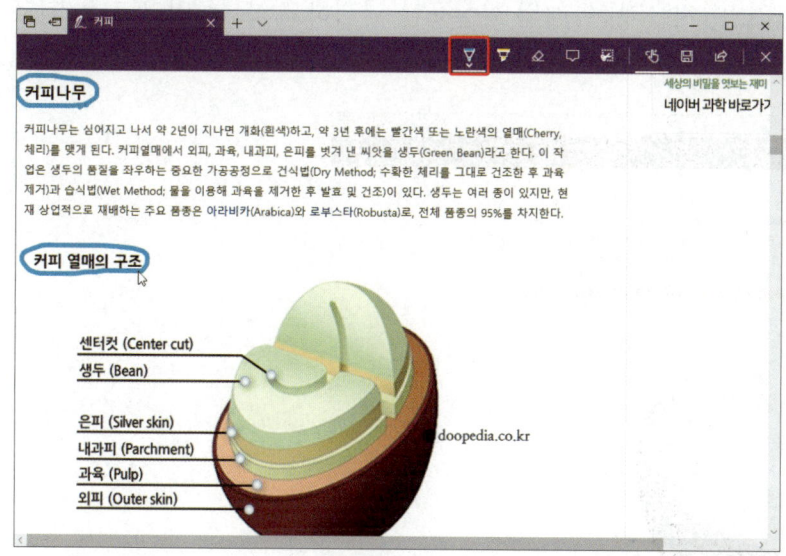

❸ 텍스트를 강조하기 위해 [형광펜( )]을 선택해요. 아래에 표시된 화살표를 클릭해서 [색]은 '노랑', [크기]는 '18'로 설정해요.

❹ 그림과 같이 마우스로 텍스트 위를 드래그해요. [볼펜]과는 달리 텍스트가 가려지지 않아요.

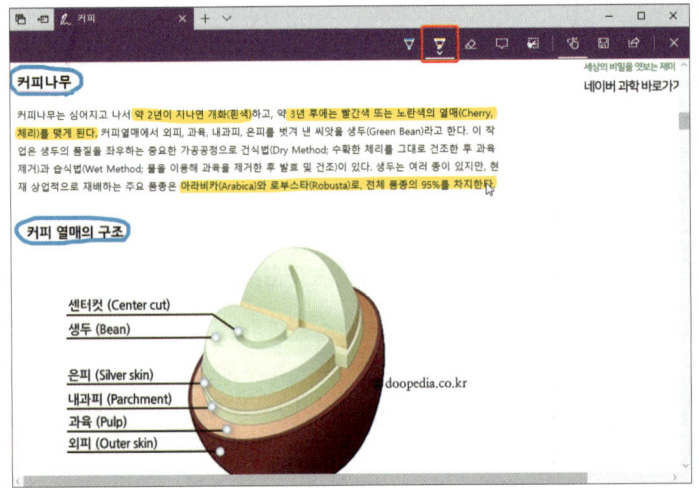

❺ 삽입한 메모를 삭제하기 위해 [지우개( )]를 선택하고 삽입한 볼펜과 형광펜 위를 드래그해요.

❻ 모든 메모를 삭제하려면 [지우개] 아래의 화살표를 클릭하고 [모든 잉크 지우기]를 선택해요.

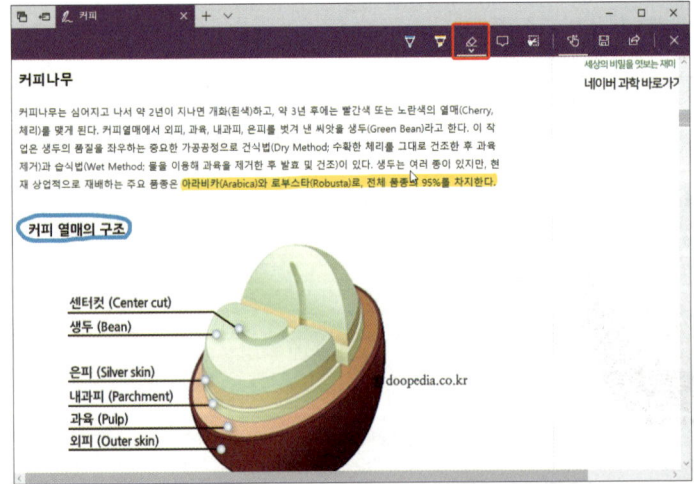

 메모 삽입하기

웹페이지에 간단한 메모를 적을 수 있어요. 메모를 삽입하는 방법을 알아보아요.

❶ 메모를 삽입하기 위해 [메모 추가(🖵)]를 클릭해요. 마우스 포인터 모양이 바뀌면 메모를 삽입하려는 부분을 클릭해요.

❷ 선택한 부분에 메모 상자가 삽입되면 그림과 같이 내용을 삽입해요.

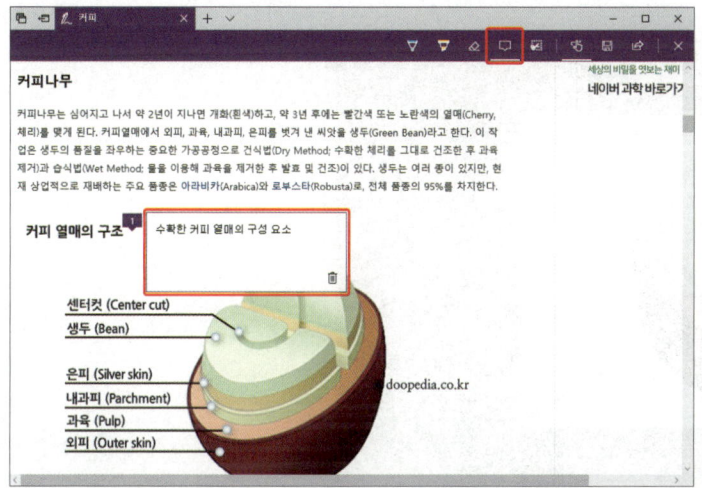

❸ 메모 앞의 번호를 클릭하면 상자를 감추거나 표시할 수 있어요. 번호를 드래그하여 다른 위치로 이동할 수도 있어요.

❹ 메모 상자 안의 [삭제] 아이콘을 클릭하면 메모를 지울 수 있어요.

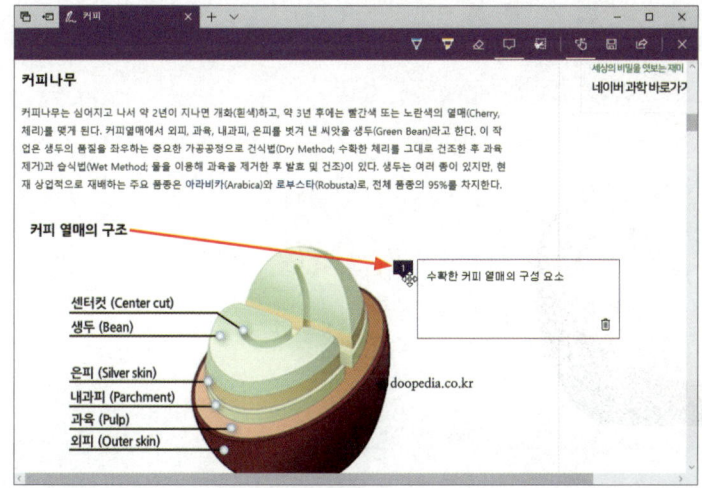

03 필요한 부분만 잘라내기

웹페이지의 일부분만 잘라내어 문서와 같은 앱에 붙여 넣을 수 있어요.

① 웹페이지의 모든 선과 메모를 지워요. 웹페이지의 일부분만 선택하기 위해 [잘라내기( )]를 클릭해요.

② '영역을 끌어서 복사'가 표시되면 마우스를 드래그하여 그림과 같이 선택해요.

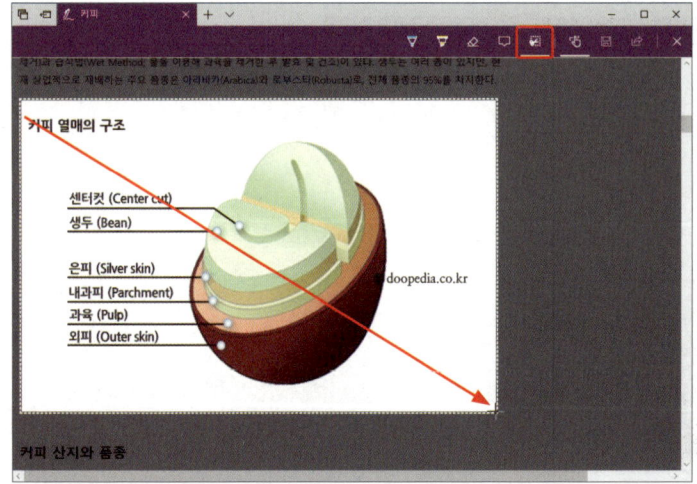

③ 워드패드 앱을 실행하고 [홈] 탭-[클립보드] 그룹의 [붙여넣기( )]를 클릭하면 복사한 그림을 가져올 수 있어요.

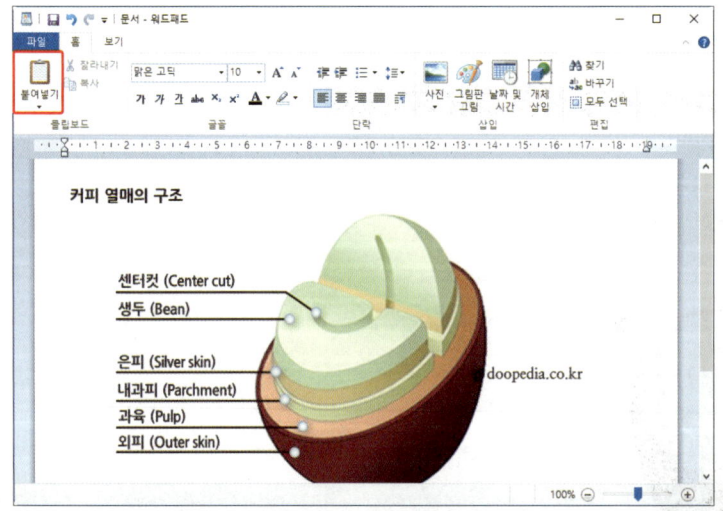

01 '올림픽경기대회'를 검색하고 웹페이지에 그림과 같이 메모를 작성해 보세요.

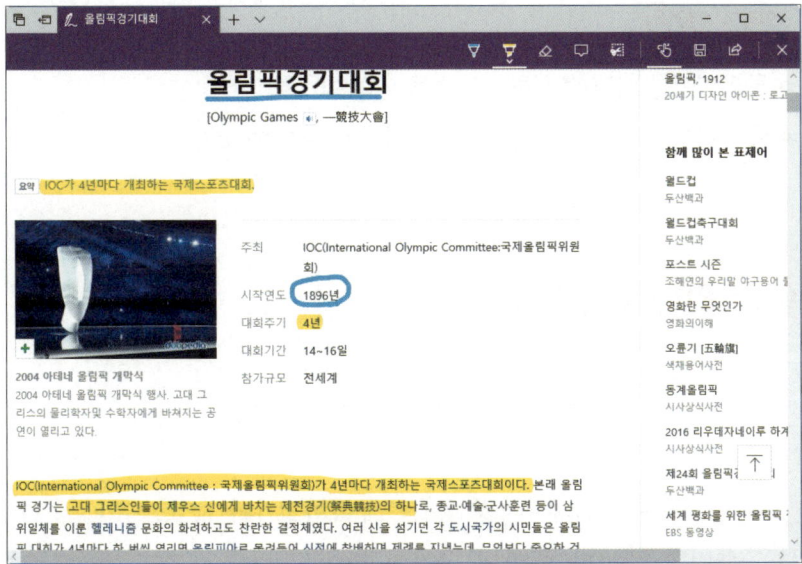

02 [엣지] 브라우저의 '잘라내기' 기능을 이용하여 그림판에 '과일'의 이미지를 가져와 보세요.

15강 엣지 브라우저 활용하기 1

이렇게 배워요!

- 웹페이지를 확대/축소하는 방법을 알아보아요.
- 웹페이지에서 단어를 검색하고 소리내어 읽어 보아요.

 **웹페이지 확대/축소하기**

웹페이지의 화면 크기를 확대하거나 축소하는 방법을 알아보아요.

① 웹페이지의 화면 크기를 바꾸기 위해 [설정 등]을 클릭하고 [확대/축소]의 '+', '-' 단추를 클릭해 보세요. 클릭할 때마다 화면의 크기가 확대/축소되는 것을 확인할 수 있어요.

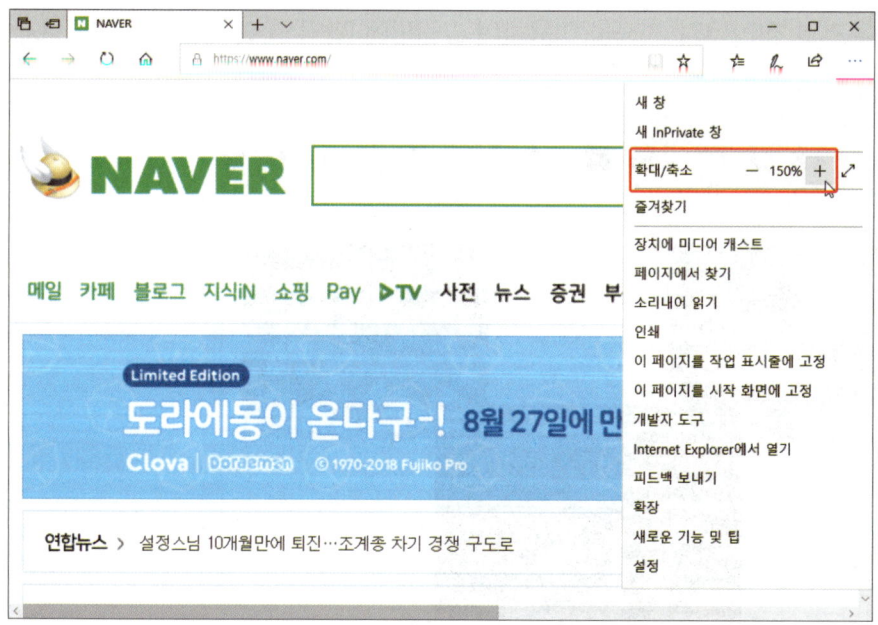

❷ 웹페이지를 모니터 화면 크기에 맞게 확대하기 위해 [설정 등]의 [확대/축소]에서 [전체 화면(⤢)]을 클릭해요.

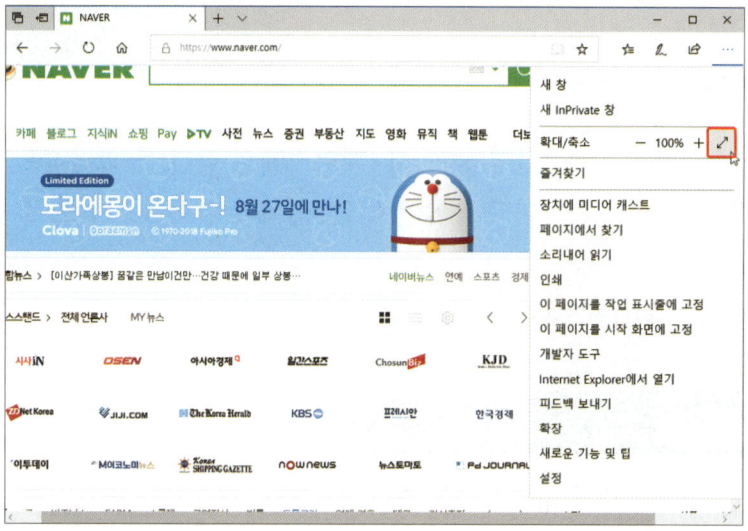

❸ [엣지] 브라우저의 탭과 메뉴, 도구 모음이 사라지고 웹페이지가 모니터 크기에 맞게 조절된 것을 확인할 수 있어요.

❹ 다시 원래 크기로 돌아가려면 F11을 눌러요. F11을 누를 때마다 화면을 전체 화면 보기로 설정하거나 해제할 수 있어요.

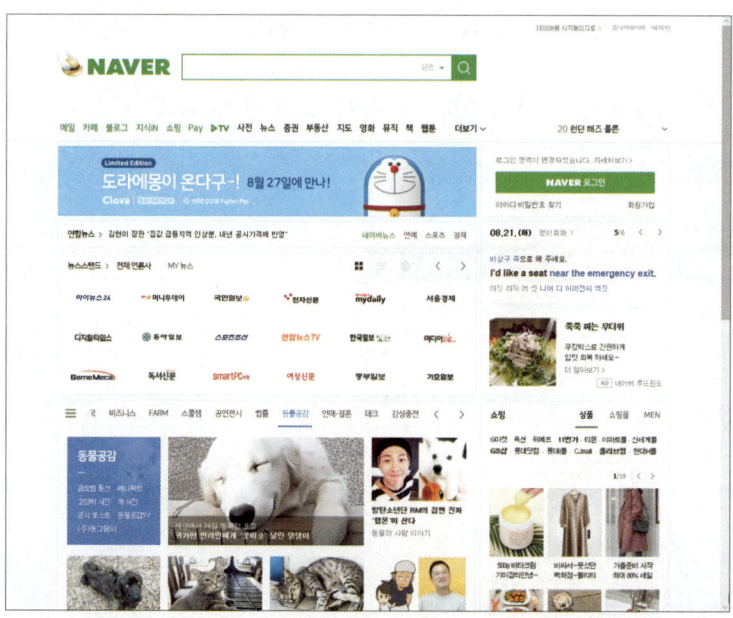

웹페이지에서 단어 검색하기

웹페이지 안에 텍스트가 많을 때 원하는 단어를 빠르게 검색하는 방법을 알아보아요.

1. '네이버(www.naver.com)'에서 '피라미드'를 검색해 그림과 같이 웹페이지를 표시해요.

2. 웹페이지에서 단어를 검색하기 위해 [설정 등]에서 [페이지에서 찾기]를 클릭해요. [페이지에서 찾기] 도구가 표시되면 '피라미드'를 입력해요. 입력한 단어를 자동으로 찾아 노란색으로 표시해요.

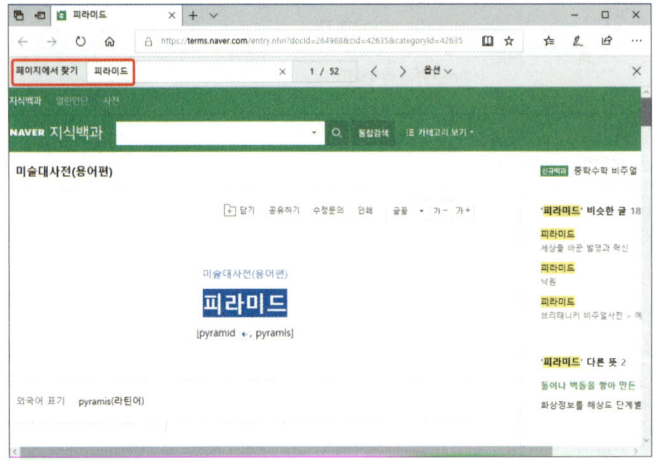

3. [이전 결과], [다음 결과] 단추를 클릭하면 검색한 단어가 있는 위치를 표시해요.

4. 검색할 단어를 '이집트'로 변경해서 단어가 있는 위치를 검색해 보세요.

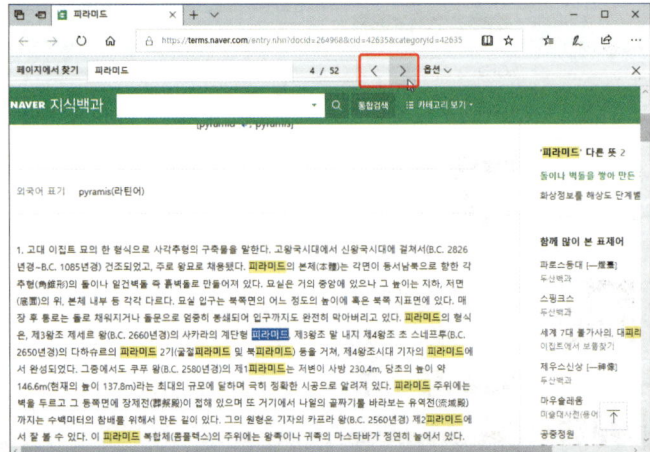

 **소리내어 읽기**

웹페이지의 텍스트를 소리로 들을 수 있어요. 웹페이지를 소리내어 읽는 방법을 알아보아요.

❶ [페이지에서 찾기] 도구를 닫은 후 [설정 등]에서 [소리내어 읽기]를 클릭해요.

❷ 웹페이지 위에 [소리내어 읽기] 도구가 표시되고 자동으로 페이지의 텍스트를 읽어줘요. 스피커가 있어야 소리를 확인할 수 있어요.

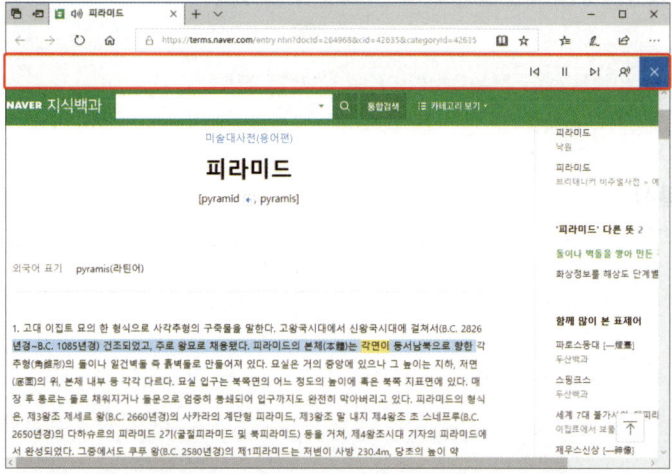

❸ [소리내어 읽기] 도구를 이용하여 재생을 멈추거나 이전 단락이나 다음 단락으로 이동할 수 있어요.

❹ 텍스트를 블록으로 선택하고 [재생] 단추를 누르면 선택한 부분부터 소리내어 읽어줘요.

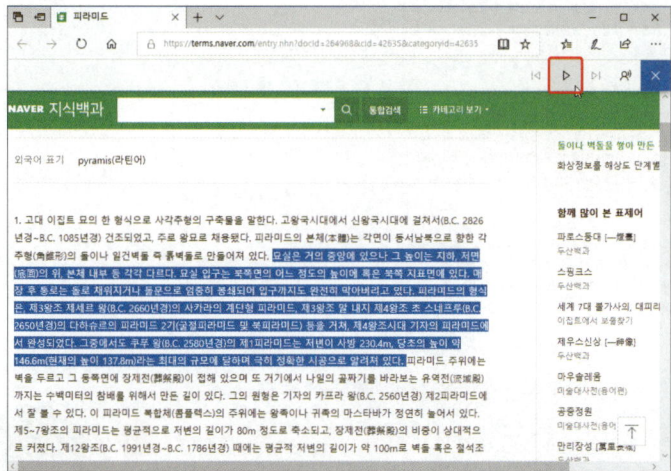

01 '서울'과 관련된 웹페이지를 검색하고 '수도'라는 단어가 웹페이지에 몇 개 표시되는지 확인해 보세요.

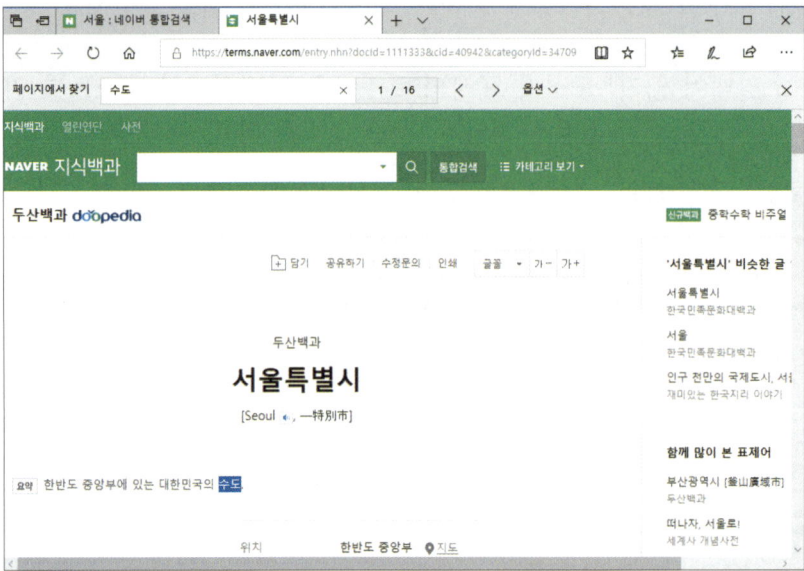

02 소리내어 읽기로 웹페이지를 읽고 음성 속도를 조절해서 어떻게 들리는지 확인해 보세요.

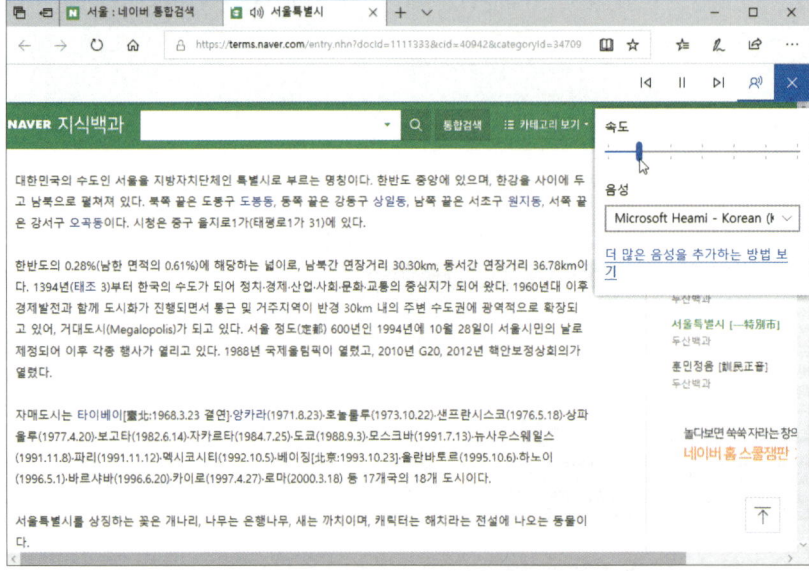

16강 엣지 브라우저 활용하기 2

이렇게 배워요!

- 웹페이지를 읽기용 보기로 표시하는 방법을 알아보아요.
- 웹페이지를 고정시키는 방법을 알아보아요.

01 읽기용 보기로 표시하기

웹페이지의 내용이 많은 경우 읽기용 보기를 이용하여 책과 같은 모양으로 볼 수 있어요.

① '네이버(www.naver.com)'에서 '베토벤'을 검색해서 그림과 같은 웹페이지를 표시해요.

② 검색한 웹페이지의 [주소 표시줄] 오른쪽에 있는 [읽기용 보기()]를 클릭해요.

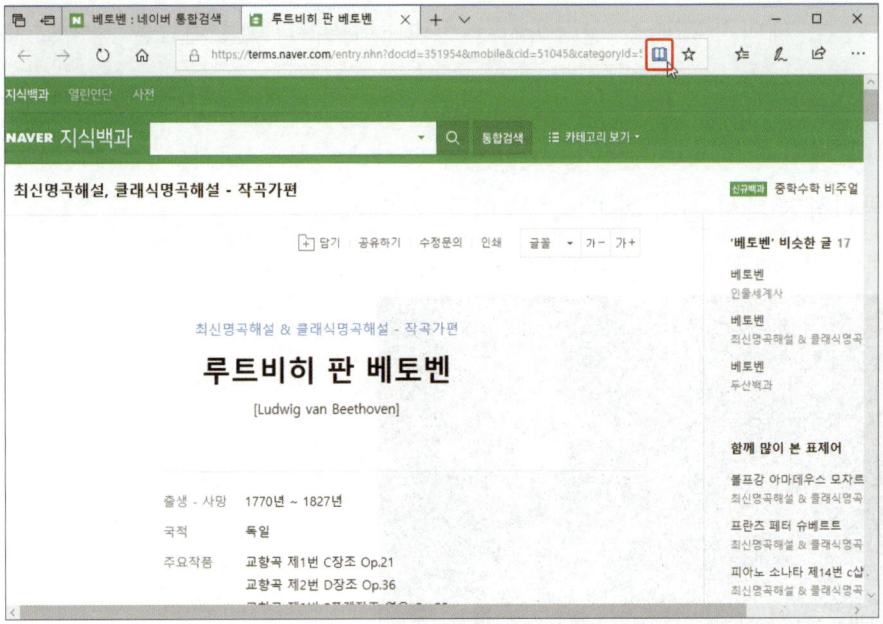

81

❸ 그림과 같이 웹페이지가 펼쳐있는 책을 보는 것과 같이 표시돼요. 왼쪽과 오른쪽의 화살표를 클릭해서 페이지를 이동해 보세요.

❹ 선택한 웹페이지에 따라 [읽기용 보기]를 사용하지 못할 수도 있어요.

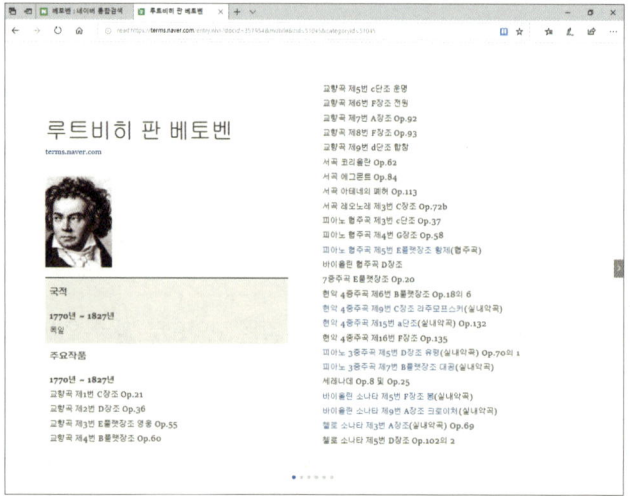

❺ 페이지의 빈 공간을 마우스로 클릭하면 윗부분에 도구가 표시돼요. 도구에서 텍스트의 크기나 간격, 페이지 테마를 설정하거나 소리내어 읽기 등의 기능을 선택할 수 있어요.

❻ 그림과 같이 페이지 테마를 '어둡게'로 설정해 보세요. [주소 표시줄]의 [읽기용 보기](📖)를 클릭하면 다시 원래 화면으로 돌아갈 수 있어요.

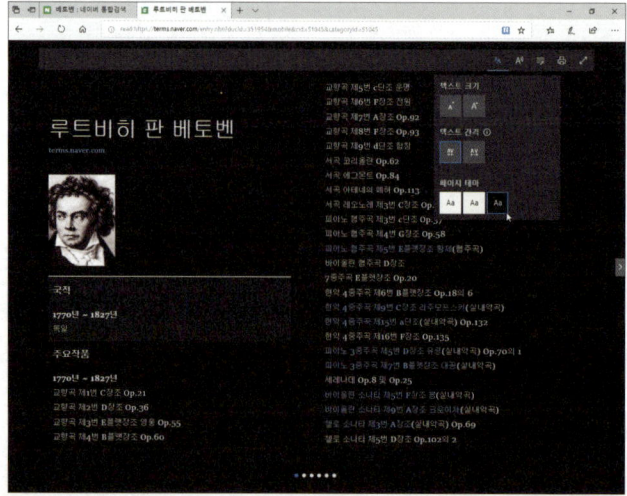

 **웹페이지 고정시키기**

자주 찾는 웹페이지를 시작 화면이나 작업 표시줄에 고정시키는 방법을 알아보아요.

❶ 검색한 웹페이지를 시작 화면에 고정시키기 위해 [설정 등]에서 [이 페이지를 시작 화면에 고정]을 선택해요.

❷ '이 타일을 시작 메뉴에 고정하시겠습니까?' 메시지가 표시되면 [예]를 클릭해요.

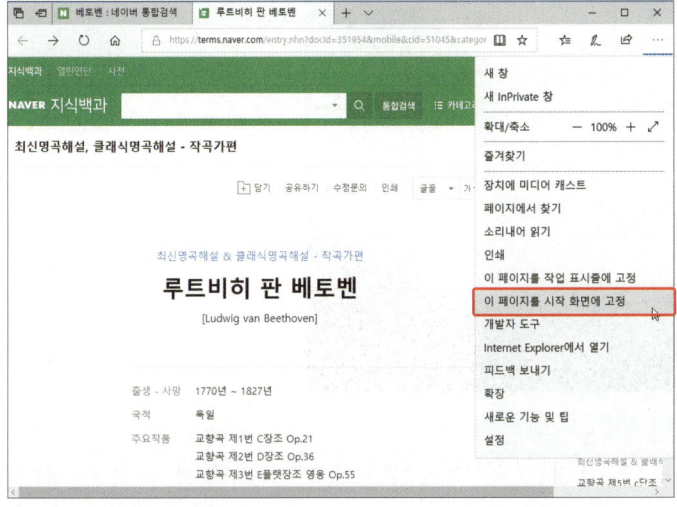

❸ [시작( )] 단추를 클릭하면 선택한 웹페이지가 시작 화면에 타일로 만들어진 것을 확인할 수 있어요.

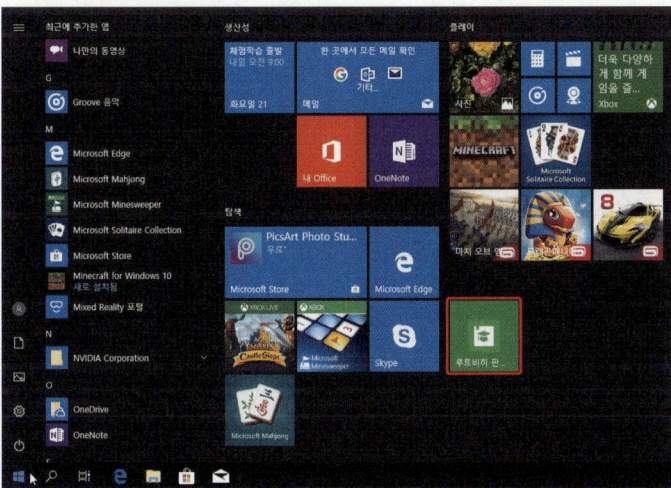

❹ 웹페이지를 작업 표시줄에 고정시키기 위해 [설정 등]에서 [이 페이지를 작업 표시줄에 고정]을 선택해요.

❺ 작업 표시줄에 아이콘 모양으로 웹페이지가 저장된 것을 확인할 수 있어요.

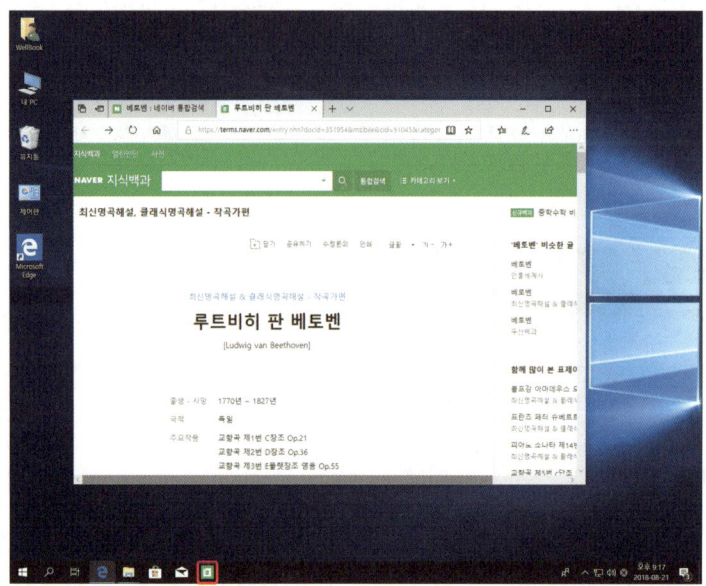

❻ [엣지] 브라우저를 종료한 후 시작 화면의 타일이나 작업 표시줄에 저장된 아이콘을 클릭하면 자동으로 해당 웹페이지가 표시돼요.

❼ 타일이나 아이콘 위에서 마우스 오른쪽 버튼을 클릭하여 표시되는 메뉴에서 제거할 수 있어요.

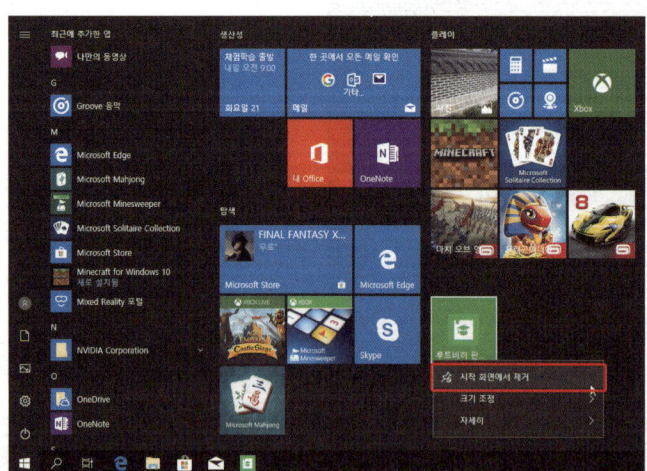

01 '파블로 피카소'를 검색하고 [읽기용 보기]에서 '밝게' 테마를 적용해 보세요.

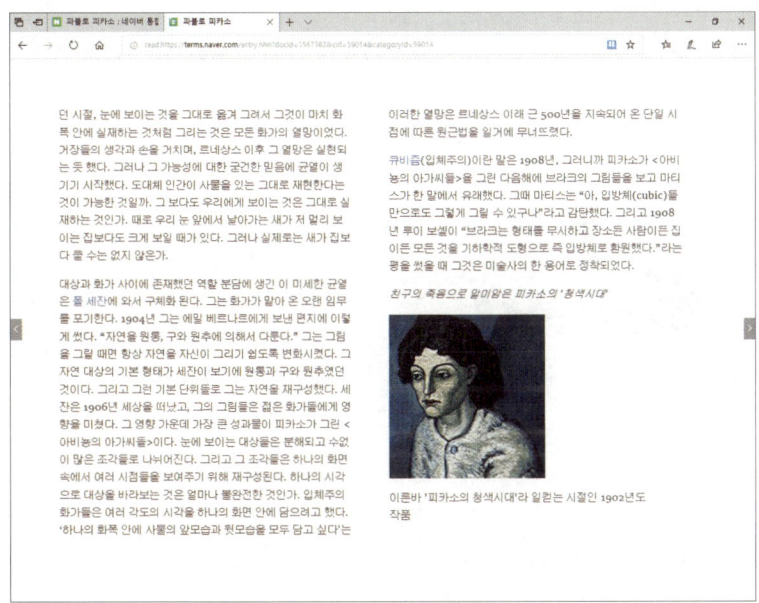

02 내가 좋아하는 음악가를 검색하고 시작 화면에 웹페이지를 고정시켜 보세요.

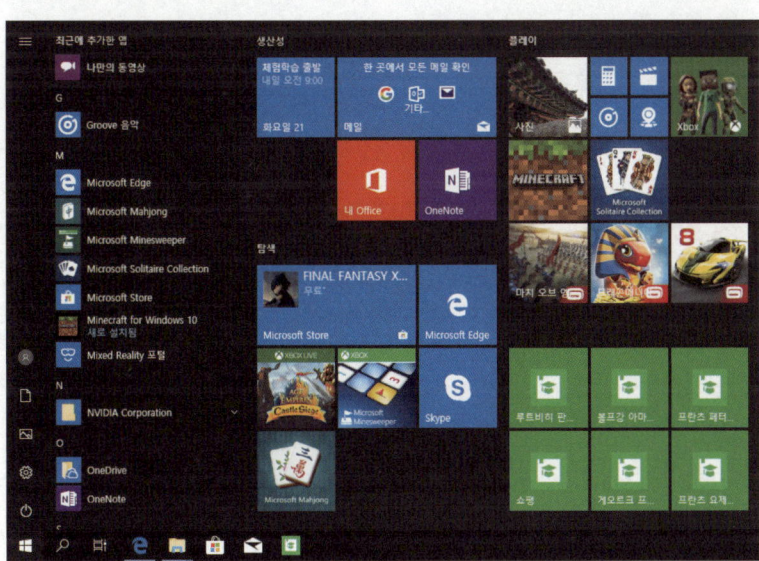

역사 보고서 만들기

인터넷에서 검색한 자료를 워드패드로 가져와 역사 보고서를 만들어 보아요.

위대한 정복왕, 광개토대왕

이름은 담덕(談德)이며, 고국양왕(故國壤王)의 아들이다. 소수림왕의 정치적 안정을 기반으로 최대의 영토를 확장한 정복 군주로서 완전한 묘호는 국강상광개토경평안호태왕(國岡上廣開土境平安好太王)이다. 이를 줄여서 광개토태왕(廣開土太王)으로 부르기도 하나, 일반적으로 광개토대왕(廣開土大王)을 더 많이 사용하고 있다. 재위시의 칭호는 영락대왕(永樂大王)이었는데, '영락(永樂)'은 한국에서 사용된 최초의 연호로 알려져 있다.

386년(고국양왕 3) 태자로 책봉되었으며, 391년 고국양왕 사후에 즉위하였다. 즉위 초부터 대방(帶方)을 탈환하고자 백제의 북쪽을 공격하여 석현(石峴) 등 10성을 함락하였고, 396년(광개토왕 6)에는 친히 수군을 거느리고 백제를 성벌하여 58성을 차지하였으며, 왕제(王弟)와 대신 10인을 볼모로 삼아 개선하였다. 이리하여 한강 이북과 예성강 이동의 땅을 차지하게 되었다.

 • 제목 : 글꼴 패밀리(궁서), 글꼴 크기(24pt), 굵게, 밑줄, 글꼴 색(풍부한 빨강)
• 본문 : 글꼴 패밀리(맑은 고딕), 글꼴 크기(14pt), 글꼴 색(풍부한 자주)

HINT **인터넷에서 검색하여 가져오기**
• [엣지] 브라우저를 이용하여 '네이버(www.naver.com)'에서 '광개토대왕'을 검색하고, 가져오려는 텍스트를 마우스로 드래그하여 복사한 후 워드패드에 붙여 넣습니다.
• 이미지를 복사할 때는 이미지 위에서 마우스 오른쪽 버튼을 클릭하고 [복사]를 선택한 후 워드패드에 붙여 넣습니다.

워드패드에서 정리하기
• 제목에는 '위대한 정복왕, 광개토대왕'을 입력하고 주어진 글꼴 서식을 적용합니다.
• 제목 아래에 이미지가 표시되도록 마우스로 드래그하여 위치를 이동시킵니다.
• 본문 내용을 정리하여 필요한 내용들만 표시되도록 합니다. 본문 내용을 드래그하여 모두 블록 설정한 후 주어진 글꼴 서식을 적용합니다.

 나만의 자료 정리하기

인터넷에서 검색한 자료에 메모를 하고 워드패드에 가져와 나만의 자료를 정리해 보아요.

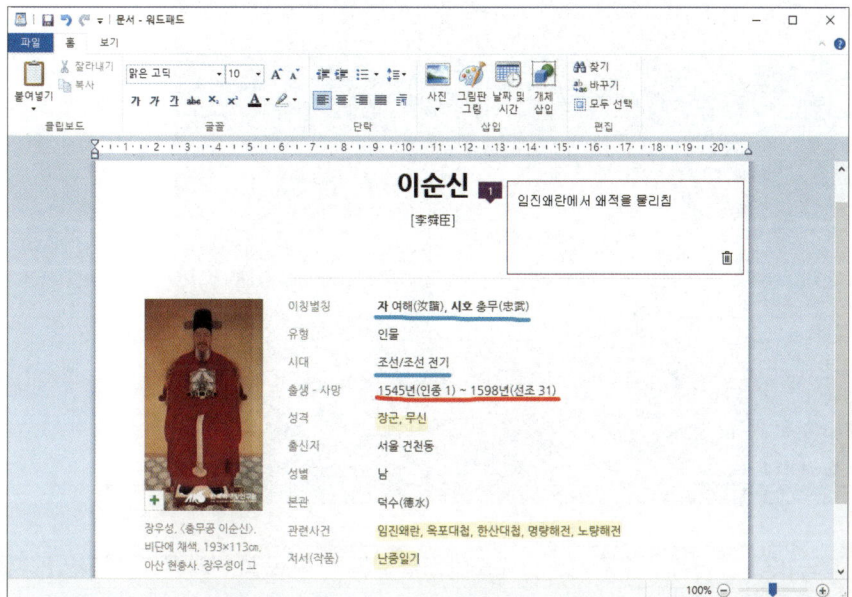

> HINT **[엣지] 브라우저에서 메모하기**
> - 네이버(www.naver.com)에서 '이순신'에 대해 검색하고 웹페이지를 표시합니다.
> - [엣지] 브라우저의 [메모 추가]에서 볼펜과 형광펜으로 그림과 같이 강조할 부분에 표시를 합니다.
> - 메모 상자를 삽입하고 내용에 '임진왜란에서 왜적을 물리침'을 입력하고 위치를 조절합니다.
> - [잘라내기] 기능을 이용하여 메모한 내용이 모두 포함되도록 마우스로 드래그하여 선택합니다.
> - [워드패드] 앱을 실행하고 [홈] 탭-[클립보드] 그룹에서 [붙여넣기]를 선택하여 복사한 내용이 이미지로 삽입되면 파일을 저장합니다.
> - [파일] 탭-[페이지 설정]에서 문서의 여백을 조절하여 삽입된 그림을 넣을 공간을 조절할 수 있습니다.

 여행 정보 찾아보기

친구들과 함께 세계 여행을 떠나 볼까요? 여행하려는 나라의 정보를 인터넷과 날씨 앱에서 찾아보세요.

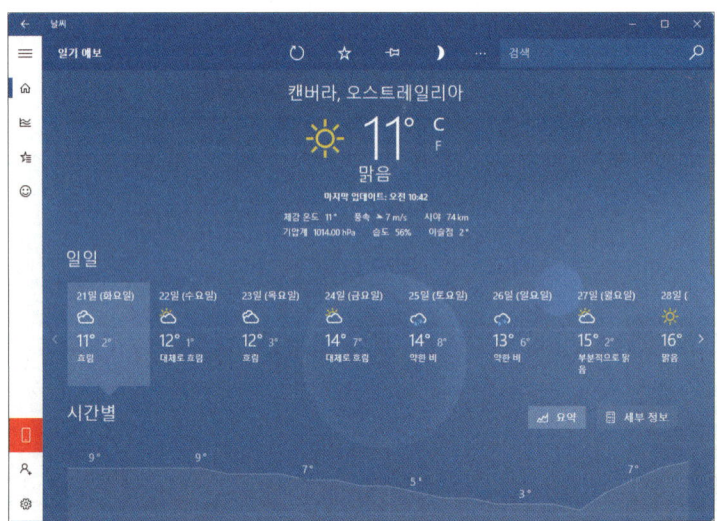

국가명	수도	수도의 오늘 날씨	수도의 현재 온도	자외선 지수
대한민국				
영국				
브라질				
네덜란드				
오스트레일리아				

HINT

인터넷으로 검색하기
- 네이버(www.naver.com)에서 각 나라의 이름을 검색하면 자세한 국가 정보를 표시합니다. 국가에 대한 정보를 살펴보고 수도의 이름을 적습니다.

날씨 앱으로 검색하기
- 인터넷에서 검색한 각 나라의 수도 이름을 [날씨] 앱에서 검색합니다. 중복된 이름이 표시될 때에는 위치한 곳과 나라의 이름을 잘 살펴보고 선택하도록 합니다.
- 검색된 날씨 정보를 살펴보고 오늘의 날씨와 현재 온도, 자외선 지수를 적습니다.

재미있는 사진 편집

[연습파일] 광화문.jpg

[사진] 앱을 이용하여 조건에 맞게 사진을 예쁘게 보정하고 꾸며 보아요.

조건
- 자르기 : 사진을 불러온 후 그림과 같은 부분만 남도록 잘라내시오.
- 필터 : 'Napa' 필터를 적용하시오.
- 조명 및 색 : 조명은 '40', 색은 '60'으로 지정하시오.
- 명확도 및 가장자리 어둡게 : 명확도는 '50', 가장자리 어둡게는 '20'으로 지정하시오.
- 즉석 수정 : 하늘의 검은색 얼룩을 지우시오.
- 그리기 : 노란색 '붓글씨 펜'으로 '광화문'을 적으시오.

HINT

사진 보정하기 1
- 상단 메뉴의 [편집 및 만들기]의 [편집]을 선택합니다. [자르기 및 회전]을 선택하고 표시되는 조절점을 드래그하여 필요한 부분만 남깁니다. [자동 보정]의 필터 목록에서 지정한 필터 효과를 선택합니다.

사진 보정하기 2
- [조정]의 [조명]과 [색], [명확도], [가장자리 어둡게]의 슬라이더를 드래그하여 주어진 값으로 설정합니다.

사진 부분 수정하기
- [조정]의 [즉석 수정]을 선택하고 이미지의 감추려는 부분을 마우스로 클릭하여 주변과 자연스럽게 표시되도록 만듭니다.

그리기 삽입하기
- 상단 메뉴의 [편집 및 만들기]의 [그리기]를 선택합니다. 도구 상자에서 '붓글씨 펜'을 선택하고 아래 화살표를 클릭해 '노랑'을 지정합니다. 마우스를 드래그하여 글자를 적습니다.

[연습파일] 동영상.mp4, 사진1.jpg, 사진2.jpg, 사진3.jpg

체험학습 비디오 만들기

[비디오 편집기] 앱을 이용하여 내가 촬영한 사진을 멋진 비디오로 만들어 보아요.

조건
- 스토리보드 순서 : 동영상.mp4 → 사진1.jpg → 사진3.jpg → 사진2.jpg
- 전체 적용 사항 : 테마(모험), 음악(비발디 협주곡)
- 동영상.mp4 : 필터(클래식), 동작(가운데에서 확대), 3D 효과(무지개빛 반짝임), 텍스트('수족관')
- 사진1.jpg : 시간(3초), 필터(사랑스러움), 동작(왼쪽으로 이동)
- 사진2.jpg : 시간(5초), 필터(차가운 빙하), 동작(아래로 기울이기)
- 사진3.jpg : 시간(4초), 필터(즐거움), 동작(중심 축소)

HINT

스토리보드 순서와 전체 효과 적용하기
- 예제 파일 폴더의 파일을 선택하여 비디오를 만들고, 스토리보드에 표시된 이미지를 드래그하여 지정된 순서에 맞게 바꿉니다. 메뉴의 [테마]와 [음악]에서 전체 테마와 음악을 적용합니다.

사진과 비디오 효과 적용하기
- 각 사진과 비디오를 선택하고 스토리보드 메뉴의 [시간]과 [필터], [동작]에서 지정된 효과를 각각 선택합니다.

비디오 저장하기
- 편집이 끝난 비디오는 [내보내기 또는 공유] 메뉴에서 원하는 파일 크기를 선택하여 저장합니다.

3D 빌더로 모델링하기

'3D Builder' 앱을 설치하고 재미있는 3D 모델을 만들어 보세요.

HINT

새로운 앱 설치하기
- [스토어(Microsoft Store)]에서 '3D Builder'를 검색한 후 앱을 설치합니다. 설치된 앱은 [시작] 단추–[모든 앱]–[Windows 보조프로그램]에서 실행할 수 있습니다.

도형 삽입과 위치/크기 조절하기
- [삽입] 메뉴에서 원하는 모양의 도형을 선택해 삽입할 수 있습니다. 삽입한 도형 아래에 표시되는 도구 상자에서 [이동], [회전], [배율]을 이용하여 도형의 모양을 조절할 수 있습니다.

화면 조절하기
- 화면을 마우스 왼쪽 버튼으로 드래그하면 보기 방향, 마우스 오른쪽 버튼으로 드래그하면 화면의 위치를 바꿀 수 있습니다. 마우스 휠 버튼을 드래그하면 확대/축소할 수 있습니다.

색상 변경하기
- [그리기] 메뉴의 [색상]에서는 도형의 색을 바꿀 수 있으며, [텍스처]에서는 도형에 질감을 채울 수 있습니다.

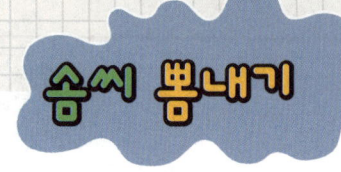

그림판 3D에서 만들기

3D 기차를 가져와 [그림판 3D] 앱의 다양한 기능을 이용하여 멋지게 꾸며 보세요.

조건
- 기차는 [3D 라이브러리]에서 불러와 사용합니다.
- 기차 앞부분에 스티커를 이용해 눈과 입을 삽입합니다.
- 기차의 두 번째 칸 지붕에 '원통형' 3D 개체를 삽입하고 그림과 같이 색을 지정합니다.
- 기차 바퀴는 브러시를 이용하여 그림과 같이 색을 채웁니다.

HINT

3D 라이브러리에서 가져오기
- 기차 모양을 가져오기 위해 [3D 라이브러리]의 [Stage a Car Chase]에서 'Wooden Train'을 선택합니다.

스티커 삽입하기
- 기차의 앞부분이 정면으로 표시되도록 회전시킨 후 [스티커]에서 '눈'과 '행복'을 선택해 적절한 위치에 삽입합니다.

3D 개체 삽입하기
- [3D 셰이프]의 [3D 개체]에서 '원통형'을 선택해 삽입합니다. 기차를 회전시키면서 원통의 위치를 조절하고, Ctrl + A 를 눌러 기차와 원통형을 모두 선택하고 회전시켜 잘 삽입되었는지 확인합니다.

브러시로 색 채우기
- [브러시]의 [채우기]를 선택한 후 아래의 색 목록에서 각 색을 선택하여 바퀴에 그림과 같이 색을 채웁니다.

인터넷과 스마트폰 중독 진단하기

생활을 편리하게 해 주는 인터넷과 스마트폰, 하지만 너무 많이 사용해도 좋지 않아요. 나의 인터넷과 스마트폰 중독을 진단해 보아요.

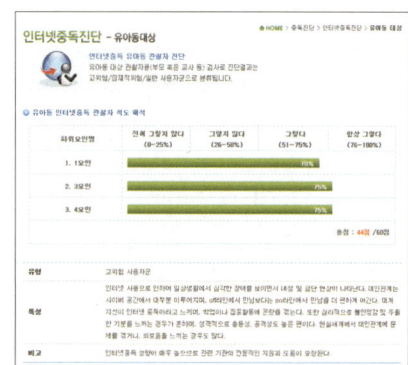

HINT

인터넷 중독진단

- 스마트쉼센터(www.iapc.or.kr) 웹페이지를 방문하고 상단의 [과의존진단] 메뉴를 클릭하고 왼쪽 메뉴에서 [(구)스마트폰 · 인터넷 중독 진단]을 클릭합니다.
- [인터넷 중독진단]의 [유아동대상]을 클릭하고 표시되는 항목을 잘 읽고 해당하는 것을 마우스로 클릭하여 선택합니다.
- 모든 응답이 완료되면 [결과보기] 단추를 클릭하여 나의 인터넷 중독 결과를 확인해 봅니다.

스마트폰 중독진단

- 상단의 [과의존진단] 메뉴를 클릭하고 왼쪽 메뉴에서 [(구)스마트폰 · 인터넷 중독 진단]을 클릭합니다.
- [스마트폰 중독진단]의 [유아동대상]을 클릭하고 표시되는 항목을 잘 읽고 해당하는 것을 마우스로 클릭하여 선택한 후 [결과보기] 단추를 클릭하여 나의 스마트폰 중독 결과를 확인해 봅니다.

동영상으로 더 알아보기

- 상단의 [콘텐츠 · 자료실] 메뉴를 클릭하고 대상에 맞는 동영상을 시청해 봅니다.